COUP D'ŒIL HISTORIQUE

SUR L'ANCIENNE

BARONNIE DE PEYRE

Par H. AFFRE.

Archiviste de l'Aveyron.

H. B.

RODEZ

Imprimerie H. de BROCA, rue Balestrière, 25.

1871

AVANT-PROPOS.

———

La reconnaissance et l'amitié ont inspiré
cette notice sur l'ancienne baronnie de Peyre.
C'est assez dire combien il nous serait agréable
qu'elle pût offrir quelque intérêt par son plan,
sa rédaction et son contenu. Malheureuse-
ment, rien n'autorise à espérer la réalisation
de nos souhaits. A peine ébauché, en effet,
ce travail s'est continué au milieu des péripéties les plus douloureuses qui ont sans
cesse tenu notre patriotisme en alarme. Et
si, indépendamment de cette cause, déjà
si puissante, on veut bien songer à notre

témérité d'avoir abordé une matière que nous ne pouvions connaître d'une manière assez intime, parce que son objet est en dehors de notre département, on comprendra sans peine que ce n'est point par un sentiment de modestie exagérée ou mal entendue que nous réclamons la plus bienveillante indulgence de nos lecteurs.

L'ANCIENNE BARONNIE DE PEYRE.

CHAPITRE Iᵉʳ

GÉNÉRALITÉS.

L'ancienne baronnie de Peyre, située dans la partie nord-ouest du Gévaudan, aujourd'hui la Lozère, comprenait les paroisses de Rimeize, le Fau, Aumont, Prinsuéjouls, la Chaze, Sainte-Colombe, Javols, Saint-Sauveur, le Buisson, la Champ et une partie de celle de Saint-Léger. Elle était tout entière dans le diocèse de Mende et dépendait de la généralité de Montpellier.

Bien avant sa formation, à une époque même antérieure à la domination romaine dans ce pays, Javols, qui compte de nos jours à peine un millier d'âmes, était la capitale des Gabales, premiers habitants du Gévaudan. Il y avait dans cette localité, un temple, un cirque et une voie romaine. Vers l'an 250, elle était le siége d'un évêché relevant de la métropole de Bourges. Prise et saccagée par les Vandales aux ve et vi^e siècles, elle tomba au pouvoir des Visigoths qui en furent à leur tour chassés par les Francs. Au commencement du viie siècle, les Sarrasins s'en emparèrent. Après tant de vicissitudes, elle fut entièrement détruite : selon les uns, par Pépin, dans sa guerre contre Vaïfer, duc d'Aquitaine ; selon d'autres, par les Hongrois, en 924. Quoi qu'il en soit, ses habitants avaient déjà émigré à Mende, où le siége épiscopal avait été transféré. Aujourd'hui, la cité gallo-romaine n'est plus qu'un simple village, et la charrue passe où s'élevait le temple, le palais et le cirque dont les Romains l'avaient ornée.

Disons un mot de la voie romaine. Elle se reliait à la grande route militaire, ouverte par Agrippa, ministre et favori d'Auguste, et conduisant de Lyon à Toulouse. Les barons de Peyre avaient un droit de péage sur cette route qui mettait en communication Rodez et

Le Puy *(et pedagium transversarium quod habet in strata quæ tendit de Ruthena usque ad Anitium)*. On en voit des parties encore intactes dans l'arrondissement d'Espalion, notamment dans la forêt d'Aubrac et les environs, où l'âpreté du climat et l'absence de toute culture ont assuré sa conservation plus que partout ailleurs. Après avoir coupé plusieurs grands pacages connus sous le nom de *montagnes,* elle traversait la petite rivière de Bès au point, près de Marchastel, où, en 1653, le baron de Peyre fit construire, moyennant 500 livres tournois, par Jean Garrigues, le pont qu'on y voit encore aujourd'hui. De cet endroit la route gagnait Rieutort, Malbouzou *(Malebosco)* et Javols.

Après cette digression en faveur de deux antiquités si respectables, revenons à la baronnie de Peyre.

Un simple coup d'œil jeté sur certains points de son étendue suffit à faire trouver l'origine de son nom; car cette origine ne saurait être ailleurs que dans ces blocs de granit semés comme à plaisir à la surface du sol, et dont la beauté du grain est loin de

compenser les embarras et les dommages que
leur présence cause à l'agriculture. Aujour-
d'hui, heureusement, quelques propriétaires
prennent le parti d'en diminuer le nombre,
grâce, il faut le dire, à l'exemple donné par
l'un d'eux, exemple qui promet d'être généralement suivi.

Plusieurs cours d'eau arrosent ces quartiers.
Nous nous bornerons à mentionner ici la
Colagne, petite rivière qui descend de la Mar-
geride, passe à Saint-Léger, coule dans le
vallon de Marvéjols et va mêler ensuite ses
eaux limpides à celles du Lot, non loin du
village de Montjésieu. Le sol, presque partout
montagneux, donne du seigle, du fourrage et
du bois; mais ce dernier produit décroît chaque jour, par suite des défrichements commandés par une augmentation de population.
Le pin et le hêtre y règnent à peu près sans
partage; deux essences fortement constituées,
qui ne se trouvent pas trop mal, il paraît, de
l'altitude considérable à laquelle elles végé-
tent.

La terre de Peyre n'est pas un pays riche.
Elle a cela de commun avec le reste de la

Lozère qui passe pour un des départements les plus pauvres de France. Si cependant, remontant le cours des années, on se reporte au commencement du xiii* siècle, pour étudier l'état social des habitants de la baronnie à cette époque, il sera facile d'établir que leur condition était infiniment plus à plaindre que celle des villageois de nos jours, véritables enfants gâtés de la civilisation en comparaison de leurs malheureux devanciers. Ceux-ci, en effet, enchaînés à la glèbe comme de vils troupeaux, se trouvaient eux et leurs biens à l'entière merci de l'homme qu'ils appelaient leur maître. Le fruit de leur pénible travail appartenait au seigneur; ou bien s'ils avaient le revenu de la terre qu'ils arrosaient de leurs sueurs, cette terre se trouvait frappée de redevances en nature ou en argent si exorbitantes que ce qui restait ne suffisait que très rarement à satisfaire à leurs plus impérieux besoins. Chaque jour, pour ainsi dire, le nombre des droits féodaux allait en grossissant; et il y en avait peu, à coup sûr, qui ne fussent le résultat criminel d'un excès de pouvoir. Les titres nous parlent de *vingtain* ou droit de vingtième sur le vin et le blé recueillis ; de *l'albergue* ou droit de gîte ; de *manœuvres* ou *corvées* employées à lever les récoltes du seigneur ou à restaurer ses châteaux ; de *guet et garde ;* de droit exclusif de pêche et de chasse ; de bannalité ; de droits de milice et de pacages et d'une foule d'autres qui, sous les noms surannés de *toltes*, *quêtes* et *tailles*, étaient d'autant plus onéreux qu'ils n'avaient rien de fixe, et qu'ils dépendaient absolument des circonstances et des besoins réels ou factices du baron de Peyre.

Bien que ce soit là de l'histoire vraie et sans mélange, ce serait à ne pas croire à un aussi profond anéantissement de la dignité et de la liberté humaines, si un des successeurs de ceux-là mêmes qui en tiraient profit, si le baron de Peyre, vivant en 1770, ne le confirmait surabondamment dans un mémoire qu'il fit imprimer pour le besoin de certaine cause. Nous l'avons en ce moment sous les yeux et y lisons des passages tels que ceux-ci : « Vers le milieu du xIII^e siècle, époque où les habitants des villages et les laboureurs étaient tous serfs dans la province de Languedoc, tandis qu'il n'y avait d'hommes libres que les nobles et les citoyens des villes murées, Astorg de Peyre fut l'un des premiers seigneurs qui affranchit ses sujets du joug de la servitude. Réduits à une condition encore plus triste que celle des serfs qui, au rapport de Tacite, n'étaient que les fermiers de leurs maîtres, les habitants de la baronnie de Peyre n'avaient qu'une jouissance précaire des terres qu'ils cultivaient, et se trouvaient d'ailleurs obligés à des redevances annuelles, à des tributs et des prestations d'autant plus à charge à ces habitants qu'elles étaient imprévues, et que leur seigneur était en droit de les imposer à sa volonté....... C'est de cette foule d'impôts et de prestations, encore moins dures que la servitude personnelle due au seigneur, qu'Astorg de Peyre voulut affranchir ses sujets, secouer le joug de leur servitude et n'établir dans sa baronnie qu'un seul ordre de citoyens. »

Après un témoignage aussi éclatant, qui pourrait sans calomnie nous taxer de partialité?

Nous venons de nommer un des principaux barons de la terre de Peyre; faisons connaître l'œuvre réparatrice à laquelle il a attaché son nom, et les circonstances au milieu desquelles cette œuvre s'accomplit : les détails sur un pareil sujet sont trop intéressants pour être laissés dans l'oubli.

Depuis la protection généreusement accordée par le roi Louis VI à l'affranchissement des communes, cette bienfaisante révolution allait chaque jour gagnant du terrain. Certains seigneurs la laissaient s'accomplir chez eux à titre gratuit; d'autres, au contraire, savaient bel et bien battre monnaie à cette occasion; il s'en trouvait enfin qui, n'ayant ni le mérite d'un don généreux, ni les bénéfices d'une vente, se voyaient contraints par la force insurrectionnelle à accorder des *coutumes* ou *franchises* impérieusement réclamées par les nécessités du temps. Celui dont nous parlons doit être rangé, ainsi qu'on va le voir, parmi les seigneurs de la seconde catégorie. Il déclare tout d'abord agir librement et hors de toute pression; n'ayant été amené à traiter que sous l'inspiration de son intérêt propre et par les sages conseils de la sainte Eglise et des FF. Prêcheurs. L'acte d'affranchissement ac-

corde à tous les vassaux, sans distinction de
sexe ni de position sociale, l'exemption à per-
pétuité de toutes les charges qui, sous des
dénominations diverses, avaient pesé sur eux
jusqu'à ce jour; mais le seigneur se réserve les
avantages et les droits que nous allons énumé-
rer : une émine de seigle et cinq sous Podernois (du Puy) pour chaque bête de labour;
même quantité de seigle et douze deniers paya-
bles par chaque manouvrier de la terre de Peyre;
un fromage pour chaque troupeau d'au moins
quatre-vingts brebis; un mouton (vassieu) de
chaque troupeau de pareil nombre; un agneau
sur douze; un faix de foin de redevance annuelle payable par chaque manant de la
baronnie, à moins que le débiteur n'en ait
plus au moment qu'il sera réclamé par le seigneur ou son mandataire; une poule (géline)
censuelle par feu, avec cette condition que
dans le cas où le baron voudrait en acheter
de ses vassaux, le prix de chacune ne pourrait
excéder douze deniers Podernois; deux jour-
nées de bœufs au profit du seigneur, lequel
aurait à sa charge la nourriture du bouvier;
une journée de faucheur par feu, ou, à défaut,

de faneur ; droit de manœuvre ou corvée en
cas de construction de fort ou de château par
le baron ou ses successeurs ; obligation imposée aux vassaux de reprendre à nouveau cens
les terres par eux possédées dans la baronnie,
sous la redevance censuelle déterminée par
quatre arbitres ; droit de prélation ; contribution de 10,000 sous Podernois ou de l'équivalent si le seigneur est armé chevalier, s'il
entreprend le voyage de la Terre-Sainte ou en
cas d'un premier mariage de ses filles ou de
ses sœurs ; obligation de payer la moitié de la
rançon du seigneur qui aurait été fait prisonnier dans une guerre ayant pour objet des
intérêts de famille, ceux de ses vassaux ou de
son suzerain ; dans le cas d'achat dans le voisinage de la baronnie de terres ou rentes
foncières excédant 100 livres Viennoises, obligation de lui venir en aide par le paiement de
la moitié desdites 100 livres ; droit de justice
haute, moyenne et basse dans toute l'étendue
de la terre ; obligation du service militaire ;
obligation de foi et hommage à chaque changement de seigneur, sous la condition expresse
pour celui-ci de confirmer les présentes fran-

chises; droit de four et de moulin autrement
droit de bannalité; faculté, dans une nécessité
pressante, de pouvoir disposer pour l'alimentation du baron ou des gens sous ses ordres,
des bœufs, vaches, moutons et porcs des
vassaux moyennant une légitime indemnité;
même faculté pour le foin et la paille, auquel
cas lesdits vassaux ne seront pas redevables
du faix de foin dont il est parlé plus haut;
obligation imposée à chaque vassal possédant
une ou plusieurs bêtes de labour, de donner
au bailli du château de Peyre deux quartes de
seigle, et aux chassipols (gardes-champêtres)
demi quarte; obligation de porter le blé de
rente au lieu de la baronnie où le seigneur
trouvera à propos d'établir son grenier; autorisation accordée aux vassaux de pêcher dans
une partie du ruisseau de Triboulenc et dans
celui de Rimeyse, depuis Pontarchat jusqu'au
pont de Valeilles; maintien du droit de dé-
paissance dans les bois et sur les terrains
précédemment indiqués; lequel droit a été
acquis par les manants de ladite baronnie
moyennant 60,000 sous Podernois; autorisation de créer des syndics pour gérer les intérêts
des commettants.

Tels sont en abrégé les franchises octroyées par le baron de Peyre qui en jura, ainsi que ses trois enfants et son frère, prévôt de Mende, la stricte et perpétuelle observation sur les saints Evangiles. Guillaume de Peyre, Cardinal Merle, chevaliers, et autre Guillaume de Peyre, damoiseau, se portèrent caution pour le baron et les autres contractants. L'acte reçu par Me Etienne de Alix, notaire royal en Gévaudan, fut discuté, débattu et rédigé le 7 des calendes d'octobre 1261 dans l'église de Saint-Sauveur de Peyre, en présence de Pierre Chalvet, recteur ou curé d'Aumont; Privat Montanier, recteur du Buisson, Pierre de Hermel; Bernard Malet, recteur de Sainte-Colombe; Pascal, chapelain de Saint-Michel de Peyre; Pierre Seguin, recteur de la Chaze; Pierre Gaches et Jean Fournier, prêtres; Folquet de la Tour, Rigal et Armand, chevaliers; Durand Vincent et Guillaume Dulcini, notaires.

L'exemple d'Astorg trouva des imitateurs. Henri de Bénaven, Guillaume de Granier, Pons de Montmajou *(de Montemajore)*, chevaliers, Boussugue, Pierre Merle, Raymond et Guillaume Erre *(Aerra)*, Guilbert de Sainte-Lucie, fixés dans la baronnie de Peyre et hommagers d'Astorg ; Gaucelin Galdis, Bérenger Chabassa, damoiseaux, et Bertol, accordèrent par le même acte et sous les mêmes conditions des avantages analogues à leurs vassaux particuliers.

Ces innovations purent assurément s'appeler heureuses et bienfaisantes en ce qu'elles aboutirent à l'anéantissement d'un despotisme sans restriction et à l'allégement réel des charges imposées aux vassaux. Mais qu'on n'aille pas croire qu'à partir de ce moment ceux-ci n'eurent plus qu'à se réjouir et à chanter l'hymne de la rédemption complète : les causes de grand malaise restaient encore si nombreuses et si vivaces ! Les guerres de seigneur à seigneur étaient, hélas ! en honneur à cette époque ; et maints titres nous apprennent que les fiers barons de Peyre n'étaient pas gens à préférer l'olivier pacifique aux palmes ensanglantées de Bellone. On devine alors facilement ce que devenaient les manants au milieu de ces luttes incessantes. Forcés de s'enrôler sous le pennon féodal, leurs terres demeuraient sans culture; et lorsque, la guerre finie, chacun des survivants reprenait le chemin du pays natal, il ne retrouvait la plupart du temps au foyer domestique que larmes et aggravation de misère. Pense-t-on, d'ailleurs, qu'au sein même de la paix les soldats à poste fixe dans les châteaux de la baronnie fissent assaut de respect à l'égard du bien d'autrui?

Indépendamment de ces causes, sources d'indicibles souffrances, disons encore que la famine et la peste, dont l'apparition n'était rien moins que rare, que les longues luttes entre la France et l'Angleterre, et plus tard les guerres fratricides dites de religion, celles de la Ligue et les querelles si nombreuses de famille, ne contribuèrent pas médiocrement à aggraver un état déjà fort triste. Aussi ne soyons pas surpris du langage que tenait, en 1596, le comptable principal du seigneur :

« Il manquent, disait-il, en vostre terre, Monseigneur, ung bon nombre des habitans que y solloient estre ; les ungs estant morts, les autres réduits en une extrême pauvretté, à cause des grandes tailhes, pertes par eulx souffertes ; ne y pouvant vivre, se sont retirés en Languedoc et alheurs ; tellement que leurs maisons demeurant vuides et leurs terres hermes, et vous prive des droicts, des usaiges et brassaiges qu'aviès accoutumés prendre sur eulx. »

Au milieu de ce dénuement sans trève, le seigneur était à peu près le seul à n'avoir pas à se plaindre de la confusion sociale et du malheur des temps. Les revenus féodaux et le produit de ses domaines lui donnaient toujours assez pour soutenir dignement l'éclat et le confortable de sa maison.

En cette même année 1596, le comptable déjà nommé, chargé du recouvrement des redevances de Peyre et de la terre de Marchastel, dont il sera parlé plus tard, lui accusait les recettes ci-après : Seigle, 1088 setiers (le setier composé de 8 quartons); avoine, 365 ; froment, 30 ; argent, 400 livres ; cire, 107 livres ; lapins (conils), 4 1/4 et 1/8; poules ou gélines, 759 ; chapons, 1 ; poivre, 4 livres ; fers de cheval, 1 ; aiguillettes de soie, demi-douzaine ; *tuffe* de porc, 1 ; huile, 1 livre ; épices, 13 livres ; quartiers de

mouton, 29; perdrix, 24; coqs sauvages,
2 1/4 et 1/8; poulets, 5; fromages, 1;
œufs, 155; beurre, 107 livres, faix de foin,
521. Outre cela le baron avait la jouissance
de nombreuses manœuvres ou corvées; des
amendes et confiscations; des lods et ventes (1); de plusieurs péages établis sur sa
terre (2); de la juridiction et du greffe de la
baronnie; d'une foule de droits utiles sur
Marvéjols, parmi lesquels nous nous bornerons à mentionner ici comme un des moin-
dres, celui qui consistait à prendre les langues
de tous les bœufs égorgés dans cette ville. Il
avait enfin, pour abréger, la jouissance de
ses domaines situés dans la terre, tels que
ceux de la Baume, du Trémoulous, du Buisson, de la Recouze, de Sinières-Croze, de
Sinières-Plane, d'Uchiès, de la Chaze, du
Viviès, des Salhens dans la paroisse de Javols,
des Bessils, de Villeneuve, de Freyssenet
dans celle de Saint-Léger, etc.

(1) Lods et ventes. C'était un droit dû au seigneur direct
par l'acquéreur à titre de vente ou autre équivalent à la
vente, d'un bien tenu en censive ou redevance annuelle.

(2) Le 26 décembre 1626, Gonet Meyssonnier, d'Aumont,
afferma les péages de Peyre moyennant 108 livres annuel-
lement.

CHAPITRE II

LE CHATEAU DE PEYRE.

L'histoire de ce manoir féodal fournirait matière à plusieurs volumes d'un intérêt soutenu, soit à cause de son ancienneté et de son importance stratégique, soit à cause de la haute position sociale des personnages qui l'ont habité. Mais pour cela il eut fallu se livrer à des recherches beaucoup plus longues que celles qu'il nous a été possible de faire. Nous regrettons vivement le laconisme forcé des détails qui vont suivre; car c'eut été pour nous une vraie satisfaction d'avoir pu contribuer à enrichir d'un grand nombre de faits nouveaux l'histoire d'une province avec laquelle le Rouergue a toujours eu d'excellents rapports de voisinage.

Le château de Peyre, siége primitif de la

baronnie de ce nom, était situé dans la paroisse de St-Sauveur de Peyre, qui fait elle-même partie actuellement de la commune de ce nom dans le canton d'Aumont. Son existence remonte bien loin dans le passé. En 1254, suivant un acte du 17 des calendes de juillet, reçu à las Combes par Gervais Védilhe, notaire à Mende, Géraud de Peyre, fils d'autre Géraud et de dame de Montpaon, agissant pour son compte et celui de ses frères, fit vente au seigneur Astorg de Peyre de tous leurs droits sur ce château et celui de Genebrier. En quoi consistait-il à cette époque reculée? Nous l'ignorons. Il est probable toutefois qu'à l'égal de beaucoup d'autres châteaux de même date que nous avons étudiés, celui-ci était loin alors de présenter l'aspect imposant et d'avoir le confortable intérieur que lui donnèrent successivement et la nécessité d'ajouter à sa défense, et les exigences somptuaires sans cesse croissantes de ses nobles habitants. L'histoire est moins sobre de détails sur son état au xvi° siècle et surtout au commencement du xvii°, après qu'il eut subi, en 1616, une restauration complète conformément aux ordres transmis de Pézenas par le duc de Mont-morency. Voici ce qu'elle nous apprend de son état à cette dernière date : L'ensemble des constructions formait deux parties distinc-tes désignées dans les actes sous le nom de forts. Le plus élevé reposait sur un rocher de 14 cannes de hauteur, tandis que l'autre occupait la base méridionale de ce même rocher et servait de poste avancé. Le premier avait une citerne mesurant 20 pans en tout sens, et était protégé par un mur d'enceinte large de 6 pans au pied et de 5 au sommet, et toisant en tout 200 cannes. Il y avait en outre dans l'intérieur une chapelle dédiée à Saint-Michel, desservie par un prêtre résidant au château. Le second fort se composait, entre autres constructions, d'un corps de logis ayant 7 cannes de longueur, 4 de largeur et 5 de hauteur. On y trouvait une cave voûtée, un puits de 18 cannes de profondeur, de vastes greniers pour serrer les censives féodales, une boulangerie et des fours. Il était de plus flanqué de tours et entouré de fossés au-delà desquels une forte palissade en bois de pin formait une première ligne de défense.

e château de Peyre ainsi fortifié par la
re et les travaux de l'art devait infaillible-
t exciter la convoitise de tous ceux qui,
titre quelconque, pouvaient avoir intérêt
ccuper ou à le détruire. Il fut effective-
t l'objet de nombreuses attaques ; les
s tentées à force ouverte, les autres tra-
s dans l'ombre et le mystère. Au nombre
es dernières nous signalerons en particu-
celle qui eut lieu en février 1575 et que
s allons faire connaître dans ses plus mieux détails.

, cette époque, la France entière était
gée dans les horreurs de la guerre civile.
aronnie de Peyre, subissant avec le reste
a patrie les conséquences désastreuses de
état de luttes et de violences, avait, en
e, le triste privilége de diviser et d'armer
nes contre les autres trois ou quatre fa-
es nobles du Gévaudan ou du Rouergue
prétendaient à sa possession. On devine
lors facilement les inquiétudes sans nom-
et les excès de tout genre dont ce misé-
e coin de terre devait présenter l'affligeant
tacle. Les malheureux paysans, sans dé-

fense aucune contre une soldatesque effrénée,
se voyaient contraints parfois de prendre parti
le soir pour celui qu'ils avaient combattu le
matin; et leurs mesquines ressources, amas-
sées à force de sueurs et de privations, ne
suffisaient pas à acquitter les redevances féodales que chaque prétendant réclamait avec
la dernière rigueur.

Ce fut dans ces circonstances que Geoffroi
Aldebert de Peyre, fils d'Antoine de Cardaillac et de Jeanne de Peyre, chercha à se
rendre maître du château qu'occupait en ce
moment Guion de Combret, l'un de ses com-
pétiteurs; et voici comment tout cela se passa:
Peu de jours après les fêtes de Noël 1574,
Barthélemy Boissy, agent dévoué de Cardaillac,
rencontra dans les rues de Marvéjols Jacques
Laget, de Saint-Léger de Peyre, caporal de la
garnison du château qu'il s'agissait d'enlever.
Comme ils se connaissaient assez particulière-
ment, ayant combattu sous le drapeau de la
Réforme, qui était celui de leurs maîtres, la
conversation ne tarda pas à devenir intime et
se termina par une invitation à souper. Laget,
à qui elle s'adressait, l'accepta sans plus de

façon, et il se rendit à l'auberge que son am-
phytrion hantait d'habitude, et où l'on était
certain de trouver toujours quelques bouteilles
d'un vin un peu moins inoffensif que celui du
crû. Le souper fut copieux et largement ar-
rosé, grâce, il faut le dire, aux provocations
intéressées de Boissy, à qui une expérience
déjà longue avait appris combien un écart mo-
déré de régime réchauffe la sympathie entre
gens assis à la même table.

Quand donc celui-ci comprit que le moment
des confidences sérieuses avait sonné, il n'hé-
sita pas à proposer à son invité de se prêter
aux desseins de son maître; lui promettant
une bonne partie du trésor déposé dans le
château, et, en outre de cela, des libéralités
incessantes sa vie durant, de manière à « le
rendre l'homme le plus heureux de sa race. »
Par bonheur pour de Cardaillac, son serviteur
cachait sous une enveloppe grossière une de
ces natures d'élite sur lesquelles l'appât de
l'or et l'étalage des plus brillantes promesses
n'ont point de prise. Laget resta donc inébran-
lable dans sa fidélité et son dévouement. Mais
cependant, afin de mieux servir son maître,

il dissimula les sentiments qui agitaient son âme et s'efforça de donner le change en ayant tout l'air de goûter le plan de son interlocuteur et de souscrire sans réserve à ses propositions. Il joua si bien son rôle dans cette circonstance délicate, qu'à partir de ce moment on n'eut plus de secrets pour lui. Il fut mis en rapport avec maître Antoine Borelly, Antoine Gibily, seigneur de l'Aldonais, et les autres conspirateurs; et prit part, dans la maison de Boissy, à Marvéjols, à tous leurs conciliabules ayant pour objet la prise de la place. C'est ainsi qu'il fut mis au courant de leurs plus secrètes trames; et qu'il apprit avec effroi que les ennemis de M. de Combret ne se proposaient pas seulement de l'expulser de la baronnie, mais encore d'attenter à sa vie, à celle de sa femme et de leurs serviteurs, qu'ils ne manqueraient pas, disaient-ils, de précipiter du haut du rocher sur lequel, on le sait, reposait le fort principal.

Des projets aussi sinistres, exposés avec une sauvagerie digne de l'époque, loin de faire revenir Laget sur ses premières dispositions, ne contribuèrent qu'à l'affermir davantage dans

l'accomplissement du devoir. Aussi instruisit-
il son maître de ce qui se passait; et celui-ci,
mettant à profit des confidences d'une sincérité
irréprochable, préparait chaque jour avec discrétion et prudence les moyens de déjouer les
perfides machinations de ses ennemis. Les
conspirateurs, pour ajouter aux chances de
réussite, conseillèrent à de Cardaillac de s'é-
loigner avec affectation du château de Marchastel qu'il occupait, afin d'obtenir par là un
relâchement dans la garde de celui de Peyre.
Ils comptaient beaucoup aussi sur l'imperfec-
tion calculée du travail fait dans une partie du
château par les charpentiers Barbassou et To-
mardou, gagnés à leur cause. Ces deux ou-
vriers, en effet, infiniment moins scrupuleux
que Laget, avaient consenti à trahir indigne-
ment la confiance de Madame de Peyre qui
leur procurait souvent du travail, en laissant
sans clouer, en prévision du futur coup de
main, le plancher du charnier placé justement
au-dessus de la principale porte d'entrée du
fort supérieur. Enfin, Laget reçut, pour dernières instructions, en souvenir sans doute
de ce qui s'était passé à Troie et ailleurs, de

ne pas épargner le vin et d'en servir copieuse-
ment à la garnison le jour décisif, de façon à
provoquer un sommeil profond et partant com-
promettant pour sa sécurité.

Le jour de l'exécution est arrivé. Le 26
février 1575, une vingtaine de soldats, les uns
à pied, les autres à cheval, mais tous armés
de pied en cap, se réunissent au hameau de
la Bastide, dans la juridiction de Peyre. Ils se
font servir à souper par Jean Rigal, aubergiste
de l'endroit. Le repas a lieu en plein air,
non point certes pour aiguiser des appétits en
défaut, mais bien afin de se ménager un inco-
gnito commandé par la plus vulgaire prudence. Aux questions qu'on leur adresse sur
le motif de ce déploiement de forces, les soldats répondent invariablement qu'ils sont en
mission de recouvrement d'impôt. Après le
repas, le chef de la bande prend congé de son
hôte en l'assurant qu'il le désintéressera au
retour. Mais ce n'était là qu'un moyen poli de
refuser toute satisfaction, ainsi que l'avenir en
justifia surabondamment.

Le soir de ce même jour la troupe arrive
sous les murs du fort inférieur où les atten-

daient déjà quelques complices nantis des
échelles et des cordes nécessaires en pareil
cas. Il est environ minuit. Les sentinelles
entendent prononcer le nom de *David* dont
on était convenu avec Laget, et laissent faire,
ne bougeant non plus qu'une motte. Ce silence
et la prise de possession de la première partie
de la place, qui s'opéra de la façon la plus
aisée du monde, devient aux yeux des assail-
lants le présage d'une réussite complète ; présage cruellement mensonger, hélas! ainsi
qu'ils vont l'éprouver sur l'heure. Les voilà
donc que, sans perdre une minute, impatients
d'assouvir à la fois et leur haine et leur cupi-
dité, la porte du fort supérieur est attaquée
vigoureusement, quoique sans bruit, et cède
malgré sa solidité. Les planches du charnier
sont enlevées rapidement ; mais c'est alors
que les envahisseurs croyant aller de l'avant
comme tout à l'heure, se trouvent en face de
la garnison massée sur ce point. Celle-ci
résiste, frappe et culbute avec une vivacité et
une énergie incomparables. M. de Broquiès et
M. de Capdenaguet, commandant du château,
l'encouragent à la lutte à laquelle ils prennent

part eux-mêmes. Etienne Planchon, praticien de Saint-Léger, Villaret, Laget et les autres défenseurs de la place font bravement leur devoir et forcent à une retraite honteuse et précipitée la troupe envahissante. Grâce à l'obscurité qui favorise la fuite, un seul des assiégeants surnommé le Tieulayre est atteint mortellement et expire sur le carreau. Quant à ses complices, « ils s'en retournèrent et se sauvèrent par le lieu et passage d'où ils étaient entrés, » laissant au pouvoir des vainqueurs, entre autres objets, assez de dagues et d'épées pour ravitailler, si c'eut été nécessaire, l'arsenal de la place,

Telles furent les circonstances principales de cette criminelle machination contre le château de Peyre, et dont les chefs eurent à rendre compte devant la justice. Les premières informations furent faites par M. de Chavagnac, gouverneur de Marvéjols, assisté de M° Pierre Rodès, docteur et premier consul de cette ville; et l'enquête à laquelle ils procédèrent justifia pleinement les différentes condamnations qui dûrent en être la suite. A la vérité, si les auteurs de cette entreprise s'étaient proposés de raser le château afin de venger par là les droits sacrés de la justice et de l'humanité qui y avaient été si souvent et si outrageusement méconnus, nous regretterions vivement leur insuccès, car ce n'était pas assez pour ceux qui l'habitaient de piller, rançonner et détruire; ils se montraient en outre d'une cruauté inouïe à l'égard des personnes dont ils croyaient avoir à se plaindre. En voici un exemple entre mille : A l'époque où le capitaine Merle, la terreur des catholiques du Gévaudan, tenait le fort de Peyre et couvrait la province de sang et de ruines, le nommé Pierre Laurens, du hameau de la Peyre, ayant été calomnieusement accusé d'avoir trahi les intérêts du château, fut arrêté et jeté dans le cachot qui avait déjà été témoin de bien des souffrances. Le retenir dans ce lieu obscur et infect et l'y nourrir plus mal encore que le dernier des animaux, après avoir pillé sa maison, c'eut été, ce semble, une suffisante expiation d'un méfait qui ne reposait sur aucune preuve certaine. Eh bien, non, ses bourreaux n'eurent garde de s'en contenter, et, renouvelant à son égard les tourments

inventés par les persécuteurs des premiers
chrétiens, ils le lièrent solidement et, après
l'avoir placé sur « la terrasse, le flambèrent
et lui brûlèrent les bras avec de graisse blan-
che de pourceau jusques aux os. » Ce n'est
pas tout : les scélérats, s'apercevant qu'il res-
pirait encore, l'achevèrent à coups d'arquebuses et de pistolets; après quoi, son cadavre
fut fixé à une potence dressée au-devant du
château. Ce ne fut qu'avec beaucoup de peine
que la femme et le fils de l'infortunée victime
obtinrent du sieur de Broquiès l'autorisation
de lui rendre les derniers devoirs.

Mais si le château eut l'heureuse chance de
triompher, en 1574, de ceux qui l'avaient at-
taqué, il n'en fut pas de même dix ans plus
tard, durant l'époque désastreuse où la Ligue,
ce sanglant épisode des guerres de religion,
vint encore ajouter aux fureurs déjà si vivaces
de nos discordes civiles. Malgré des talents
militaires fort médiocres, le duc de Joyeuse
voulut commander une armée, et il obtint
cette faveur du roi Henri III, qui n'avait
jamais su lui en refuser aucune et qui en avait
fait un de ses *mignons* le plus en crédit. A la

tête de troupes dont la force n'est pas exactement connue, le nouveau chef quitta Moulins vers le milieu de juillet 1586 et prit la direction du Languedoc, avec l'intention plus présomptueuse que fondée de réduire partout les calvinistes. Au bruit de son approche, les places du Gévaudan et du Rouergue occupées par ces derniers se hâtèrent de réparer leurs fortifications, de compléter les approvisionnements de toute sorte, de renforcer la défense intérieure et de redoubler de vigilance afin de résister efficacement à l'ennemi. Ces précautions n'aboutirent pas partout au gré de ceux qui se les étaient imposées. C'est ainsi, en effet, que Malzieu, investi par les troupes du duc, ne tarda pas à succomber ; et que Marvéjols, après avoir été « furieusement canonnée, » suivant une délibération communale du bourg de Rodez, fut pris d'assaut et ses habitants contraints de se rendre à discrétion. La même délibération porte que le vainqueur fit grâce de la vie aux vaincus, « qui se rendirent la plus part au chasteau de Peyre, Milhau et aultres lieux, » et que la ville « feust rasée et bruslée. »

Après ces exploits, les troupes de Joyeuse se portèrent devant le château qui nous occupe, et voici ce qui en est dit dans le document que nous venons de citer : « Et continuant ledict de Joyeuse, admiral, au mesme moys d'aoust ou commencement de septembre, il conduict son armée au devant le chasteau, lequel il fist battre par l'espasse de trois ou quatre jours, et si bien qu'il feust du tout rasé ; tellement que seulx qu'estoient dedans estoient contrainctz ce mettre dans de·caves faictes soubs de rochiers où ils ne se voyoient l'ung l'autre et enfin contrainctz à se rendre audict sieur, lequel en fist pendre quelques-ungs et entre aultres ung grand volleur nommé le capitaine La Peyre et à quelques aultres il salva la vie. »

Qu'on ne se hâte pas toutefois de prendre pour une vérité incontestable la qualification d'insigne voleur donnée au capitaine La Peyre. En ces temps malheureux, il faut le savoir, les appréciations manquaient souvent de justesse, sous l'inspiration d'un esprit de parti poussé jusqu'à l'extrême limite de l'exagération. Certes, nous n'affirmerions pas que le brave défenseur du château dont il s'agit n'eût point à se reprocher quelques écarts de discipline ou de modération, car ce serait méconnaître par trop les habitudes brutales des soldats durant les guerres civiles. Mais nous ne pouvons non plus admettre, sous le seul témoignage de quelques catholiques de Rodez, que ce même homme fut un digne émule des détrousseurs émérites qui pullulaient en ces temps-là. Et de fait voici un passage d'un manuscrit rédigé par un témoin oculaire qui nous paraît commander la circonspection ; nous l'avons emprunté au travail consciencieux et très-substantiel du docteur B. P., sur l'ancienne baronnie de Peyre (1). Il nous a paru d'autant plus intéressant à reproduire qu'il relate des faits passés sous silence ou même rapportés autrement dans le récit ruthénois. Voici ce passage : « L'armée donc se campa devant le chasteau de Peyre, où Pierre d'Auzolles, sieur de La Peyre, commandait. Le fort bas tint quelques jours, après lesquels on le quitta (parce que 400 soldats de service là,

(1) Voir le tome XVII du *Bulletin de la Société d'agriculture de la Lozère*, année 1866.

s'enfuirent la nuict), qui fut bien un grand malheur, parce qu'il estoit suffisant pour faire teste ; et se retira on au fort hault (n'ayant le sieur d'Auzolles assez de soldats pour garder les deux forts).

» Pour bastre lequel fut faict un cavallier (une grande montaigne de terre) où les canons furent mis et posés, et de là on bastit presque quinze jours pendant lesquels la plupart des soldats se sauvèrent de nuict au desceu de leur capitaine ; une autre partie fut tuée dedans par les esclats de canon, et les aultres ne pouvoient faire grande défense parce qu'il leur fallait toujours tenir le ventre par terre, parce que le dongeon estoit razé à fleur de rocher, et la ruyne qui tomboit les offensait fort, etc., etc. .... Enfin le seigneur de La Peyre se voyant quitté de la plupart de ses soldats, et que le peu qui restoit estoient blessés ou malades ; joint qu'il estoit blessé, fut contrainct de se rendre, ayant esté accordé que tous les soldats auroient la vie sauve, et le seigneur de Lavédan la lui promit à lui, qui fut cause qu'il se donna à lui.

» De tous les soldats qui sortirent nul n'eust aulcun mal, mais ayant ledit seigneur de Lavédan prins le sieur La Peyre, il ne lui tint point ce qu'il lui avoyt promis, car quoyque tous les soldats eussent la vie sauve, sy est ce qu'il le mist comme à l'inquant ; ayant esté esmise une grande question entre les habitans de Saint-Flour et les habitans de Mende à qui l'auroyt. Enfin après longues disputes, il fust ordonné que ceulx de Mende l'auroient : tellement qu'ils le prinrent et l'admenèrent à Mende, où il ne fist guère de séjour. Car son procès lui fust faict par les officiers ordinaires dudit Mende, et par eulx condamné d'avoir la teste tranchée. Or, après que la sentence lui heust esté prononcée, le seigneur évesque de Mende lui fist ce reproche qu'il avoit prins sa ville et ruyné ses habitans ; mais que iceulx lui verraient trancher la teste. Sur quoy il répondit qu'il louoyt Dieu de tout ce qu'il lui donnoyt ; toutefois qu'il n'avoit jamais faict la guerre au bœuf ny à la vache, ny usé d'aulcune trahison. Après, il escripvit une lettre à la demoiselle sa femme qui estoyt à Jean de Gardonnenque, la priant entr'aultres choses, de ne se remarier point, l'exhortant à prendre en patience tout ce qu'il plairoyt à Dieu lui donner : ladite lettre faicte, il la bailla à un de sa compaignie, et le pria instamment de la rendre à sadicte femme, comme il fist. Et après il se retira en un coing, où il fist sa prière à Dieu. De là il fust mené à l'exécution ; et estant sur l'eschaffaud il ne dict aultre chose, sinon qu'il appela le seigneur de Lavédan traître, et qu'il ne lui avoyt pas tenu ce qu'il lui avoyt promis. »

Du Gévaudan, Joyeuse passa en Rouergue. Il traversa Espalion le 18 septembre ; laissa dans cette petite ville trois pièces d'artillerie qui furent pour elle une cause de procès et de vives inquiétudes, et se rendit à Rodez où il arriva le soir du même jour, tout disposé à accepter la réception triomphale que la « capitale » de la province, toujours fidèle à Dieu et au Roi, lui préparait depuis plusieurs jours.

Ce serait singulièrement s'écarter du sujet que de rapporter en détail ce qui se passa à cette occasion dans cette ville. Nous nous bornerons donc à en dire simplement quelques mots, mais assez significatifs pour qu'on puisse juger de l'enthousiasme des visités et de leurs efforts à se montrer dignes du favori royal.

A l'entrée de la ville, on avait construit une grande porte peinte en marbre blanc et *faite à la rustique,* dit la relation, c'est-à-dire en pierres vermiculées ou avec des colonnes toscanes à bossages. On y voyait un tableau représentant un roi sur son trône et entouré de sa cour, qui donnait une palme à un hercule victorieux; au-dessous se lisait l'inscription suivante :

Ce roi est notre roi : toi, son hercul fidèle
Qui purgeras sous lui notre Rouergue d'erreur,
Et qui dois, mariant la force et la douceur,
Pardonner au sujet et dompter le rebelle.

L'arc de triomphe dressé sur la place du Bourg, et qui était pareillement décoré sur ses deux faces, se composait de trois arcades, dont celle du milieu était plus haute que les autres; on y remarquait quatre colonnes avec des chapiteaux dorés, et au-dessus quatre pyramides surmontées de quatre fleurs de lys d'or.

L'arc de triomphe élevé sur la place de la

Cité, également composé de trois arcades, était peint en marbre blanc. On voyait au bas les quatre vertus cardinales et derrière elles quatre colonnes avec des chapiteaux dorés, portant chacune un lion, élevant en l'air une patte dont il tenait un grand flambeau. Derrière ces lions paraissaient deux figures d'homme et deux de femme qui soutenaient l'entablement. A côté de ces figures, se voyaient, à droite et à gauche, deux tableaux emblématiques relatifs à Joyeuse à la fois amiral et général d'armée. A droite, c'était un vieillard tenant d'une main un navire et d l'autre une faulx, et au-dessous l'inscription : *Merces ac segetes* ; à gauche, c'était le dieu Mars foulant d'un pied un poisson de mer et appuyant l'autre sur le globe terrestre, et au-dessous l'inscription : *Et salo et solo.*

A l'entrée du palais épiscopal s'élevait une grande porte peinte en marbre et ornée de quatre colonnes avec des chapiteaux dorés. A droite, était peinte la *Délivrance d'Andromède*, avec ces vers :

Tout ainsi que Persée Andromède délivre
De ce monstre marin, tout ainsi, Monseigneur,
Tu nous délivreras du monstre de l'erreur
Et nous fairas en paix plus heureusement vivre.

A gauche, on voyait l'image du *Printemps* avec ces vers :

Tu es ce beau printemps et la saison joyeuse
De qui trois animaux travaillés de langueur,
Savoir, les trois états, reprennent leur vigueur :
Le Roi, ton soleil, fait cette influence heureuse.

Toutes ces démonstrations de joie et d'allégresse étaient certainement au-dessus des mérites du personnage auquel elles s'adressaient. Durant son séjour en Rouergue, en effet, Joyeuse ne put se résoudre à tenter une seule entreprise capable de lui rapporter de l'honneur et de la gloire. C'est ainsi qu'il crut devoir renoncer au projet d'attaquer Séverac-le-Château et d'assiéger Millau que Châtillon, alors dans ces quartiers, n'aurait pas manqué de secourir avec succès. Après quelques faits d'armes insignifiants, tels que la prise du château d'Ayssène, de Beaucaire et des Ribes, qui n'étaient du reste qu'une revanche facile d'échecs éprouvés dans plusieurs rencontres, il gagna l'Albigeois et revint ensuite à la cour, où le Roi, très peu satisfait de son expédition, le reçut, dit-on, en lui disant *qu'on l'y tenoit pour un poltron et qu'il auroit bien de la peine à se laver de cette tâche.*

Le château de Peyre, dont il convient de reprendre l'histoire, se releva de ses ruines. Antoine de Roquefeuil, neveu de Geoffroy-Hector de Peyre, en ayant pris possession en vertu d'une substitution insérée au testament de celui-ci, s'occupa de le restaurer et fit appel pour cela au ban et arrière-ban de ses corvéables. Un peu plus tard, ainsi qu'il a été dit, le duc de Montmorency ordonna de le mettre en état complet de défense, « de manière qu'il n'en put arriver aucun inconvénient au préjudice de Sa Majesté. » Il en résulta qu'après ces différents travaux le vieil édifice redevint ce qu'il était avant « la furieuse cannonade » de Joyeuse : un sujet d'inquiétude pour les prétendants malheureux à la baronnie de Peyre, et de profonde terreur pour les villageois des environs. Il ne servit de rien, en effet, qu'un catholique, Pierre Daran de La Condamine, en eût été nommé gouverneur

par Montmorency et plus tard par Louis XIII :
les pillages, les arrestations à main armée et
les excès de tout genre se succédèrent sans
interruption comme auparavant, et ce retour
aux anciens abus eut pour cause principale le
mariage de ce gouverneur avec Barbe de Combret, baronne de Peyre et calviniste décidée.
Cette union eut lieu en 1623 suivant le rite
catholique, apostolique et romain, ce qui
n'empêcha pas les nouveaux mariés de faire
souvent prêcher au château maître Roux, ministre de Marvéjols, et de faire de la propa-
gande calviniste dans la contrée.

Ce serait à ne jamais finir si on voulait
raconter tous les méfaits que l'histoire met à
la charge des deux époux; mais comme il
faut savoir se borner, nous nous contenterons
de rapporter un dernier épisode relatif aux
châtelains de ce manoir féodal.

Dans le courant du mois de mai 1624,
Michel Armand, lieutenant de prévôt au diocèse de Mende, assisté de Jacques Massol,
prêtre et prieur de Mélagues, de Pierre Char-
don, procureur à Riom, et de Jacques Barran,
sergent royal de Sauveterre, recueillait sur

les lieux, par ordre supérieur, les plaintes des infortunés habitants de la baronnie contre La Condamine et sa femme. Ceux-ci, dès qu'ils furent informés de ce qui se passait, eurent bien vite pris une résolution, celle d'arrêter le commissaire enquêteur et ses auxiliaires, afin d'obtenir d'eux par promesses et menaces l'assurance de l'impunité. L'expédient leur parut tout-à-fait heureux, et ils se hâtèrent de l'employer. Un jour donc que le lieutenant et sa suite chevauchaient à travers la campagne, ils virent venir vers eux vingt-trois hommes armés commandés par le nommé Cabrol. Ils comprirent au premier coup d'œil avec quelles gens ils allaient avoir affaire, et essayèrent de leur échapper en revenant sur leurs pas ; mais la fuite n'était pas possible, car une seconde troupe composée de dix hommes les suivait de trop près pour ne pas leur barrer le passage. Nous allons résumer la déposition faite plus tard par Jacques Massol, l'un des prisonniers. Le récit des mauvais traitements qu'il eut à essuyer nous dispensera de parler de ceux qui furent également le lot de ses compagnons de captivité.

A peine arrêté, le déposant fut descendu violemment de cheval, puis dépouillé de ses armes et excédé de coups', dont plusieurs appliqués sur la portrine, occasionnèrent un crachement de sang dont le patient eut à souffrir pendant une semaine. Se voyant frappé et insulté aussi inhumainement, il supplia ses ennemis de le traiter au moins comme un soldat s'ils ne voulaient pas avoir pour lui les égards dûs à un prêtre; les assurant qu'il était un homme de bien et n'ayant aucun acte coupable à se reprocher. Mais on se montra sourd à ses prières comme à ses déclarations; et ce fut au milieu des blasphèmes et des plus grossières insultes qu'il arriva au château. Là, Barbe de Combret se le fit présenter. Elle lui demanda s'il était bien Massol le prêtre; et sur sa réponse affirmative, la baronne le traita de coquin et de scélérat, assaisonnant ses grossières insultes de la menace de lui faire sauter la cervelle d'un' coup de pistolet, ou de le faire précipiter du haut du château. Après ce premier interrogatoire, l'infortuné captif et ses compagnons eurent les yeux bandés et furent conduits de la sorte dans une prison sans jour, où on leur mit les fers aux pieds et où ils furent retenus durant sept jours. Les soldats chargés de les garder ne cessaient de railler le pauvre prêtre, et, afin « de le réjouir, » disaient-ils, et « de l'apprendre à chanter la messe en musique, » ils se mettaient à hurler « l'un le *Kyrie*, l'autre le *Gloria in excelsis*, l'autre *Per omnia sæcula sæculorum*, et les autres ce qui leur venait en fantaisie. » Pourquoi tous ces mauvais traitements, demandait souvent le prêtre aux gens du château? On lui répondait que la cause en était dans la différence de croyance religieuse entre Barbe de Combret et lui; que celle-ci étant de la religion prétendue réformée, en voulait singulièrement aux prêtres et notamment à lui Massol, qu'elle accusait d'avoir porté les armes durant les derniers troubles sous la bannière du Roi contre les calvinistes, de s'être trouvé dans beaucoup d'affaires contre les habitants de Millau, et, en outre, d'avoir pris part au siége de Saint-George où il aurait perdu l'œil droit d'un coup d'arquebuse. Barbe voulut voir une seconde fois le prieur de Mélagues. Il fut donc ramené

devant elle et dans le même état que tout
d'abord, c'est-à-dire les yeux bandés. Cette
seconde comparution ne fut pas plus rassu-
rante que l'autre. Barbe lui demanda cette
fois s'il était prêtre ou diable; puis elle lui
témoigna sa grande joie de ce qu'on l'avait
arrêté, l'assurant qu'on allait en informer les
Millavois, et qu'avant de le relâcher elle lui
ferait expier cruellement les « attaques et les
trahisons » que lui reprochaient ceux de la
religion. Après cela il fut reconduit en prison.
La Condamine, à son tour, fit comparaître
les détenus devant lui; mais pour leur témoi-
gner combien il regrettait qu'on les eut si
mal traités et leur annoncer qu'ils allaient
recouvrer la liberté. Il leut fit promettre toutefois, sous les plus terribles menaces, de ne
tenter aucune poursuite contre lui et les siens.
Avant de quitter ce séjour, Barbe qui croyait
d'une foi vive aux sortiléges et aux enchante-
ments, fit prier Massol de donner aux soldats
du château « une recette ou charme » qui les
préservât des arquebusades. Le prêtre lui fit
dire qu'il n'en connaissait pas et qu'il n'était
pas désireux d'en savoir; ajoutant que s'il

avait possédé un secret ou charme quelconque, il n'aurait pas manqué de l'utiliser au profit de sa vue.

Les contestations entre les prétendants à la baronnie prirent fin vers le milieu du XVIIe siècle. Marguerite de Solages, fille de François, baron de Tholet, et de Marguerite de Peyre, en demeura seule et unique propriétaire. Elle avait épousé, le 23 juillet 1626, Antoine de Groliée, seigneur de Montbreton et de Bruzet, qui s'étant fixé au château de la Baume, dont il sera question dans le chapitre suivant, obtint du roi l'autorisation de raser celui de Peyre. C'est à peine s'il existe aujourd'hui soit sur le rocher qui le supportait, soit à sa base, quelques traces des constructions formidables qu'on y voyait autrefois. Et de même que le calme succède à l'orage, la tranquillité si douce des champs a recouvré son empire dans ces quartiers que le bruit des armes et les excès de la puissance avaient agité pendant de longs siècles; et les bons villageois des environs, protégés par des lois bien différentes de celles de la force brutale et de l'arbitraire, cultivent en paix de nos jours et avec l'assurance de récolter ce que la Providence leur donne, le modeste mais cher héritage qui ne fut pour leurs malheureux ancêtres qu'une cause incessante d'inquiétude, de larmes et d'excessifs labeurs.

———————

CHAPITRE III

LE CHATEAU DE LA BAUME.

Sil est facile de trouver durant la froide saison un séjour beaucoup plus agréable que celui de la Baume, en revanche il en est peu qui lui soient préférables lorsque Phœbus règne sans partage sur nos contrées. C'est alors une délicieuse oasis, où les jours passent pleins de fraîcheur et de charme, tandis que dans les vallées environnantes l'homme le plus robuste languit et se meut à peine sous les étreintes d'une suffocante chaleur. A notre place, un poète ne manquerait certainement pas de dire ici qu'une fée bienfaisante a dû passer par là. Pour nous, moins enclin aux fictions mythologiques qu'aux enseignements vrais de l'histoire, nous nous contenterons d'indiquer dans une courte description les causes qui rendent ce petit coin de la Lozère exceptionnellement agréable pendant quatre mois de l'année.

Le château de la Baume dépend de la commune de Prinsuéjouls qui fait elle-même partie du canton de Nasbinals. Il est situé au pied d'un côteau boisé; et l'on s'aperçoit à première vue que le noble seigneur qui en jeta les fondements préférait aux agréments d'un horizon étendu et varié les avantages plus solides d'un abri réel. Certes, on ne saurait lui en vouloir de ses préférences, car il est aisé de comprendre qu'à une altitude de 1,116 mètres, l'hiver, avec son triste cortége de glaces et de frimas, de vents impétueux et de neiges persistantes, ne doit avoir que le nom de commun avec celui dont on va goûter les douceurs et rechercher l'influence salutaire sous le ciel toujours clément de Nice ou de la Provence.

Des massifs touffus et parfumés, des arbres plusieurs fois séculaires, tels que le frêne, le tilleul et le hêtre, et quelques constructions déjà anciennes forment une ceinture autour du château; mais disposée de manière à mé-

nager de ravissantes échappées de vue sur la
campagne, et à donner naissance à une pro-
menade dont le voisinage n'est pas le moindre
agrément. Indépendamment de celle-ci, il en
existe une seconde à une faible distance derrière le château. Elle date de la première moitié du dernier siècle. L'humble fontaine qui
murmure doucement à son entrée, les fleurs
qui l'émaillent, les plantations qui la proté-
gent de leurs ombres épaisses, et son déve-
loppement de cinq cents mètres, en font une
création qui ne déparerait point les résidences
fastueuses de Versailles ou de Fontainebleau.
A quelques pas en avant de la façade principale du château, un vivier à l'eau de cristal,
où la truite révèle sa présence par des sorties
fréquentes et toujours funestes aux petits
insectes voltigeant à la surface, ressemble à
une glace aux proportions colossales encadrée
de verdure et dans laquelle se reflètent avec
une harmonieuse symétrie les objets placés
sur ses bords. Une élégante nacelle permet
d'explorer en tout sens cette rafraichissante
nappe liquide; et soit que le pilote observateur
dirige son frêle esquif à l'est ou à l'ouest, au

nord ou au sud, il est assuré de trouver à
admirer sur son passage un nénuphar ami de
Neptune, ou bien une brillante libellule compagne fidèle de la nymphe de céans. Près de
là se trouve la ferme, agréable et utile voisine
tout à la fois; car elle n'est pas seulement une
source abondante et sûre de produits alimen-
taires; mais encore par l'activité de son per-
sonnel, la vie et le mouvement qui y règnent,
elle garantit le château des inconvénients insé-
parables d'une situation un peu isolée. Plus
loin, les bois de la Recouse, de la Coste et
autres, et de grandes et vertes prairies sépa-
rées entre elles par des champs couverts pour
la plupart de seigles ondoyants, forment une
campagne que l'œil ne se lasse jamais de con-
templer, et du sein de laquelle s'élève, sous
forme de cris ou de gazouillements mélodieux,
un concert perpétuel de louanges au Divin
Auteur de la nature. Les ruisseaux de la
Baume et du Moulin-de-Pierron, modestes
affluents de la Colagne, l'arrosent dans toute
sa longueur en décrivant de délicieux méan-
dres; et soit qu'on désire goûter l'innocent
plaisir de la pêche, ou bien, en disciple

intrépide de saint Hubert, se livrer au passe-
temps moins calme mais tout aussi séduisant
de la chasse, on trouve partout autour de soi
l'occasion d'exercer son savoir faire en ces
sortes d'exercices.

Sans entrer dans de plus longs détails tou-
chant les agréments du séjour de la Baume,
nous allons parler du château, faire connaître
son état actuel et résumer ensuite ce que
nous en ont appris d'anciens documents.

Cette ancienne demeure des barons de
Peyre n'a pas toujours eu l'aspect imposant et
grandiose qu'elle présente de nos jours. A la
différence d'un grand nombre de châteaux que
le temps a changés en ruines, et même, en
beaucoup d'endroits, fait disparaître tout-à-
fait, celui de la Baume a vu son état s'amélio-
rer progressivement, au point de pouvoir
rivaliser d'ampleur, de confortable et de dispositions heureuses avec une foule de résidences princières en renom. Des titres du xIIIe siècle le qualifient simplement de *mas (mansum)*, ce qui signifiait à cette époque comme
de nos jours une toute modeste habitation.
Vers l'an 1275, en vertu d'une transaction,

le *mas* fut flanqué d'une tour. Plus tard encore cette résidence, ayant déjà l'apparence d'un châtelet féodal, fut modifié, et voici en quoi elle consistait en 1676 : Il se composait de deux corps de logis d'inégale longueur disposés en équerre, et construits de manière à donner l'aspect du midi, à la façade principale. On y remarquait trois tours situées aux extrémités et au point de jonction des deux bâtiments. Une forte muraille présentant les mêmes dispositions que ceux-ci, c'est-à-dire décrivant comme eux un angle droit, complétait le carré. Tout autour de l'habitation courait un large fossé qu'il était facile d'inonder quand les circonstances devenaient critiques. Postérieurement à cette époque, César de Grollée, comte de Peyre et lieutenant général pour le Roi en la province de Languedoc, ne trouvant plus cette résidence en rapport avec son rang et sa fortune, la fit agrandir et restaurer considérablement. La date précise du commencement des travaux nous est inconnue. Il est toutefois permis de supposer qu'ils touchaient à leur terme en 1714, d'après certains passages de la correspondance du sieur Gély, homme d'affaires du comte. On lit, en effet, dans plusieurs de ses lettres des mois de mai et juillet de cette année les passages suivants : « Les doreurs sont arrivés; nous avons fait carreler les deux petits galetas et le pigeonnier pour en tirer les rats; le tapissier travaille; les peintres mettront une couleur au plancher des deux galeries comme Votre Grandeur le veut; madame de Carlat n'a pas encore écrit de faire venir le tapissier; les doreurs travaillent toujours au cabinet, les doreurs ont achevé le cabinet et commenceront demain à travailler à la chambre neuve, etc. » Depuis lors aucun changement notable n'est venu modifier ce château, et la description de son état actuel le fera connaître, à très peu de chose près, tel qu'il était à la fin du règne de Louis XIV.

Sa forme est celle d'un carré long déterminé par quatre corps de logis que relient entre eux des tours carrées pourvues de meurtrières et de machicoulis. La façade principale et son opposée mesurent chacune cinquante-cinq mètres, tandis que les deux autres, à l'aspect du levant et du couchant, n'en ont que quarante. Ces quatre corps de logis forment une cour intérieure à laquelle un dallage en granit, qui est la pierre du pays, assure une constante propreté. On y pénètre par deux portes, dont la principale au Midi ne présente d'autre ornementation que quelques moulures et l'écusson de Grollée qui la surmonte (1). A droite de cette entrée se trouve la chapelle, dont on avait fait autrefois, à cause du grand éloignement de la paroisse, une sorte d'annexe de celle-ci. On voit au fond une tribune com-

(1) Les archives départementales de l'Aveyron sont redevables à M. Lafon, aumônier au collège de Villefranche, d'un précieux manuscrit dû à la plume d'Etienne Cabrol, auteur également des *Annales* de cette ville publiées en 1860, sous les auspices du Conseil municipal. Ce manuscrit qui a pour titre : *Armes des seigneurs ecclésiastiques et séculiers qui entroient aux Estats de Languedoc en* 1697, blasonne ainsi les armes de la maison de Peyre à cette époque : « Le marquis de Peyre lieutenant-général pour le Roi en la province de Languedoc, et baron de tour de Gévaudan, porte écartelée au 1er d'argent, l'aigle éployée de sable, qui est de Peyre ; au 2e d'azur à 5 fusées d'argent mises en pal, rangées en face qui est de Senneterre ; au 3e d'azur au soleil d'or, qui est de Solages, baron de Tholet en Rouergue ; au 4e d'argent à la bande de gueules chargée de 3 merlettes d'or qui est de.......; sur le tout gironné d'or et de sable de 8 pièces, qui est de Grollée en Dauphiné, brisé en cœur d'une couronne ducale d'or, pour la branche de Grollée-Peyre.

muniquant par une porte intérieure avec le premier étage et destinée à l'usage exclusif des châtelains et de leurs nobles visiteurs. Dans la pensée de César de Grollée qui la fit construire, elle devait remplacer la chapelle du château de Peyre qui n'existait plus. Aussi fut-elle dédiée comme cette dernière à saint Michel. Le chapelain (2) chargé du service religieux devait résider à la Baume. Il y était nourri et recevait, en outre, 13 setiers de seigle et 95 livres tournois. Ses fonctions consistaient dans la récitation publique de la prière matin et soir, la célébration quotidienne de la messe, et le chant des vêpres les dimanches et les fêtes de l'année. Les fidèles, toujours en assez grand nombre, même en l'absence du seigneur, s'assemblaient dans le lieu saint au son d'une cloche qui, après avoir échappé aux exigences métalliques de la révolution et figuré depuis lors au clocher de la paroisse, vient de reprendre la place qu'elle occupait primitivement.

(2) Le dernier chapelain de Saint-Michel de Peyre fut Guillaume Ponsonnaille, prieur de Buzet ; et le premier de la Baume, François Tinel, prêtre d'Aumont.

On ne s'attend pas à trouver ici des détails sur chacune des soixante-onze pièces qui se partagent l'intérieur du château. Une semblable revue ne serait qu'inutile et surtout souverainement fastidieuse. Nous nous bornerons donc à signaler les principales des deux étages superposés entre le rez-de-chaussée et les combles et à dire quelques mots des particularités se rapportant à chacune d'elles.

Premier étage.

1° *La salle de billard.* — Cette pièce, ainsi nommée à cause de sa destination actuelle, est une vaste salle dans laquelle pouvaient se mouvoir à l'aise, à l'occasion d'un mariage ou de toute autre fête de famille, le ban et l'arrière-ban de la parenté. Sa longueur est de dix-huit mètres et sa largeur de huit. Des boiseries ornées d'un semis de fleurs de lis d'or sur fond bleu et rouge composent les revêtements des parois. Le plafond, qui est le même dans toutes les pièces, est formé de solives apparentes sans autre ornement que la seule couleur dont elles sont peintes. Elle contient une ample et ancienne cheminée en pierre, sur le manteau de laquelle on a représenté le dieu du feu et son épouse dans une forge.

C'était dans cette pièce, décorée de nombreux portraits de famille qu'on y voit encore, que le juge de la baronnie rendait la justice toutes les fois qu'il y avait impossibilité de l'administrer en plein air, ainsi que le prescrivait l'usage. C'était là aussi que s'accomplissait l'acte de foi et hommage auquel tout feudataire était tenu à l'égard de son suzerain. L'hommager, tête nue, sans ceinture ni épée et à genoux aux pieds du seigneur assis, mettait ses mains dans celles de son supérieur reposant elles-mêmes sur la croix et le livre des évangiles. Dans cette posture, il prononçait la formule du serment prescrit en pareil cas, remettait ensuite au suzerain l'aveu ou dénombrement des biens qu'il tenait de lui et en recevait l'accolade par laquelle se terminait la cérémonie.

2° *Le salon, autrefois la lingerie.* — Les dimensions en sont considérables, quoique inférieures à celles de la pièce précédente. Ce salon est tendu de tapisseries de Bergame très-bien conservées et formant cinq grands tableaux.

3° *La salle à manger actuelle.* — On y remarque une cheminée de date assez ancienne. Les armes des Grollée et de leurs alliances sont représentées sur la clef du manteau. La porte faisant communiquer le château avec la tribune de la chapelle se trouve dans cette pièce.

Second étage.

1° *L'ancienne salle à manger.* — Autour de cette pièce, sur neuf panneaux de menuiserie, des peintres, à la main délicate et exercée, ont reproduit des scènes principales de la mythologie. On y voit, entre autres tableaux : La mort de Didon, Andromède délivrée par Persée, Hercule dans les étables du roi Augias, Enée s'enfuyant de Troie, les Naïades endormies, Jason faisant la conquête de la toison d'or, Thésée exterminant le Minotaure, les quatre Saisons.

2° *La Bibliothèque.* — Ici, même profusion de peintures et même habileté dans l'exécution. C'est une seconde galerie mythologique, où sont représentées, sur onze panneaux, des scènes non moins connues et intéressantes que les premières : c'est Didon allumant le bûcher qui doit la consumer; Prométhée animant sa statue d'argile avec le feu du ciel qu'il avait dérobé; la fin tragique d'Orphée; Apollon conversant avec les Muses; Vénus instruisant Cupidon; Minerve luttant d'adresse avec Arachné sa rivale, etc. Quant aux ouvrages en dépôt dans cette pièce, le nombre en est insignifiant; et parmi ceux qui restent d'une bibliothèque autrefois riche peut-être, il n'y en a aucun qui mérite une simple mention.

3° *Le grand salon.* — Très-belle pièce dont le revêtement des murs consiste en panneaux de menuiserie d'une couleur tirant sur le brun. Le parquet, d'un travail fini, présente au milieu un placage dessinant un écusson que nous pensons être celui des premiers barons de Peyre. Plusieurs portraits de famille ornent cette salle, et se font remarquer par leur fraîcheur et par le talent réel avec lequel ils ont été exécutés.

4° *La chambre de Mme de Fontanges.* —
Il est de tradition au château que la belle
Marie-Angélique de Scoraille, duchesse de
Fontanges, avait occupé cette chambre, dans
laquelle, en souvenir de cette circonstance,
on plaça son portrait qu'on y voit encore, et
qui aurait été peint d'après Mignard. Des liens
de parenté existaient, dit-on, entre la jeune
duchesse et le comte de Peyre. Ce qui est certain, c'est que celui-ci la conduisit à la cour
où on avait obtenu pour elle, par l'entremise
de la duchesse d'Arpajon, une place de fille
d'honneur auprès de Madame. Son règne,
qu'on peut justement comparer à celui des
roses, fut beau, mais de courte durée. Bien
des gens crurent qu'une rivale jalouse avait
aidé aux Parques à trancher le cours de son
existence, et le bruit s'en répandit en province
comme à Paris. Quoi qu'il en soit, cette fin
si cruellement précoce inspira les poètes du
temps; et on voudra bien nous passer la fantaisie de donner ici un échantillon de ce qui
fut publié alors en reproduisant l'épitaphe
suivante :

Beautés qui ne songez qu'à donner de l'amour,
Un soin plus important dans ce lieu vous appelle
Approchez et voyez dans ce miroir fidèle
Le véritable état où vous serez un jour.
Jalouses autrefois du bonheur de ma vie,
Ayez pitié d'un sort dont vous eûtes envie :
Si l'amour m'éleva dans un illustre rang,
Je fus de cet amour aussitôt la victime ;
Et si l'ambition m'engagea dans le crime,
Il m'en a coûté tout mon sang.
A la cour tout d'un coup l'on me vit sans égale ;
Maîtresse de mon Roi je défis ma rivale ;
Jamais un temps si court ne fit un sort si beau ;
Jamais fortune aussi ne fut si tôt détruite.
Ah ! que la distance est petite
Du faîte des grandeurs à l'horreur du tombeau.

5° *Le cabinet des archives.* — Lorsque
nous pénétrâmes pour la première fois dans
cette pièce située dans la tour à gauche de
l'entrée principale du château, et qu'une
porte de fer met à l'abri du feu, nous
éprouvâmes un vif sentiment de satisfaction.
A la vue des nombreuses armoires qui
en couvrent les quatre côtés, surmontées
d'étiquettes indicatives de leur contenu :
*hommages; reconnaissances; testaments,
mariages étrangers; Jésuites; Gabriac,*

Marvéjols, etc., nous nous crûmes naturellement en présence d'un de ces trésors historiques auxquels nous avons toujours attaché un très-grand prix; et déjà, grâce à la quantité de documents que nous comptions avoir sous la main, nous nous rangions dans un avenir prochain parmi les annalistes de la baronnie. Ce rêve, hélas! fut court; il ne dura que juste le temps indispensable pour une inspection sommaire. Les armoires, en effet, dont chacune formait autrefois un intéressant petit dépôt, étaient à peu près vides, et ne renfermaient plus que quelques titres dignes de fixer l'attention. Ici, comme dans la plupart des châteaux, le gaspillage avait laissé des traces profondes de son passage, et produit ainsi les ténèbres sur une foule de points d'histoire locale qui avaient là leur complète solution. Parmi les rares débris de ce riche dépôt se trouvait alors un superbe terrier que nous ne pouvions nous lasser de feuilleter. Il comprenait les différentes paroisses englobées dans la baronnie. Il était en parchemin et d'un volume énorme. L'écriture en était belle et lisible. Lors de la vente de la

Baume au propriétaire actuel, ce registre, ouvrage du xvie siècle, fut remis au vendeur en vertu de stipulations particulières. Nos démarches dans le but d'obtenir sa réintégration n'ont pas abouti. Toutefois, malgré notre insuccès, il est vivement à désirer que de nouvelles instances soient faites auprès du détenteur. Nous appelons sur cet objet l'attention de notre zélé collègue de la Lozère, auquel nous souhaitons l'heureuse chance d'enrichir d'un monument précieux les archives de ce département.

Il faut bien se garder de croire, malgré tout ce qu'on vient de lire, que la Baume fut sous l'ancien régime un séjour de continuel repos. Ce château, comme celui de Peyre, eut de longues phases malheureuses à traverser; et lorsque les mauvais jours n'avaient pas leur cause dans les guerres avec l'étranger, ou dans les luttes fratricides entre citoyens d'une même patrie, c'étaient des débats de succession entre parents, des procès avec des voisins qu'on voulait exproprier, des inimitiés de famille, et aussi parfois le désespoir des vassaux succombant sous le poids des charges féodales qui provoquaient la tristesse et le deuil. Durant le xive et le xve siècles, les Anglais n'épargnèrent pas plus le Gévaudan qu'ils ne ménagèrent le Rouergue auquel ils firent endurer toutes sortes de maux. Le siècle suivant à son tour, loin d'être une époque tranquille, ainsi qu'il était permis de l'espérer après les longues et douloureuses péripéties de l'occupation étrangère, vit, au contraire, se produire avec une persistance et une fureur sans égales, les horreurs de la plus funeste des guerres civiles (1). Pour comble d'infortune, ces luttes intestines, dont la cause, s'il plait à Dieu, a disparu pour toujours, se compliquèrent pour la Baume de rivalités de succession qui ne furent, propor-

(1) Parmi les hommes qui prirent une large part aux événements de cette époque, figure le capitaine Mathieu Merle, originaire d'Uzès. Il était fils de noble Antoine et de Marguerite de Virgile. Il fit preuve dans ses nombreuses expéditions d'une énergie et d'un talent peu ordinaires. Il testa, dans son château de Salavas, le 6 décembre 1583, annulant ainsi une précédente disposition testamentaire, reçue à Uzès par Me Rossière, notaire de cette ville. Il eut de son mariage avec Françoise d'Auzolle deux enfants : Hérail et Marie. Une pièce de procédure concernant Mathieu Merle, rapporte qu'il se convertit au catholicisme et qu'il mourut dans cette religion.

tion gardée, ni moins longues ni moins meurtrières que les guerres dites de religion. La
plupart du temps, en effet, en vertu de subs-
titutions dont la noblesse faisait autrefois un
usage si fréquent dans ses actes de dernière
volonté, il ne manquait pas à la mort d'un
baron de Peyre de prétendants pour recueillir
son riche héritage. Chacun d'eux en appelait
d'abord à la justice pour assurer le triomphe
de ses droits; et Dieu sait les sommes considérables qui passaient alors dans l'escarcelle
des juges, des avocats et des procureurs.
Mais les décisions souveraines se faisant trop
longtemps attendre par suite d'appels réitérés
et aussi d'influences secrètes, les concurrents
qui ne jouissaient d'aucune parcelle de la succession ne reculaient pas devant un recours à
la violence, afin d'avoir, qu'on nous passe ce
terme de palais, une provision en attendant le
jugement définitif. De là, ces attaques à main
armée que les anciens titres mentionnent si
souvent, tantôt contre le château de Peyre et
tantôt contre celui de la Baume; attaques qui
avaient pour conséquence inévitable de répan-
dre l'effroi dans les campagnes, de paralyser

les travaux des champs et d'amener, par le vol, le pillage et l'incendie, la ruine des malheureux villageois. D'autres fois le concurrent en possession déjà d'une partie des biens, ne craignait pas d'user des mêmes procédés pour s'approprier le tout, et se faire ensuite une arme de cet aphorisme vulgaire : *Qui tenet teneat, possessio valet.* On a vu dans le précédent chapitre, au sujet du manoir de Peyre, un échantillon du savoir faire des prétendants en matière de ruses et de violences. Voici maintenant, par rapport à la Baume, deux faits analogues à leur charge.

Vers le 24 mai 1610, le bruit de l'assassinat de Henri IV s'étant répandu dans le Gévaudan, la crainte de nouveaux troubles fit adopter partout des mesures de sûreté. On ferma les portes des villes, renforça les garnisons et les citoyens furent assujétis aux mêmes obligations que celles qui leur étaient imposées durant les circonstances critiques. Les seigneurs en firent autant à l'égard de leurs châteaux. François de Solages, baron de Tholet, etc., devenu possesseur de celui de la Baume par son mariage, en 1604, avec Mar-

guerite de Peyre, en confia la garde à Aldebert Seguin, fils du capitaine de ce nom de
Marvéjols. Comptant sur la loyauté de cet
homme autant que sur sa bravoure, de Solages crut pouvoir s'absenter pendant quelques
jours sans compromettre ses intérêts; et il se
rendit à Saint-Sauveur où l'appelaient des
affaires particulières. Mais à peine avait-il
franchi les limites de ses terres, que son mandataire, auquel il croyait des qualités de droi-
ture qu'il n'avait pas, se hâta d'introduire
dans le vieux manoir des hommes affidés; et
lorsque, à son retour, le baron comptait ren-
trer chez lui, les portes se trouvèrent closes
et un refus formel fut la seule réponse à ses
sommations d'ouvrir. Quel était le motif de
cette inqualifiable conduite? L'instruction criminelle dirigée par le sieur Armand, lieutenant du prévôt général de Languedoc, le
dévoila : Seguin s'était fait, au détriment
de son honneur, le champion des préten-
tions vraies ou fausses d'Héléonor d'Arpajon,
femme de Jacques de Launay, baron d'Entraygues, sur la baronnie de Peyre.

Le second fait à consigner ici se produisit

en avril 1628, et toujours au sujet du même
héritage. Barbe de Combret, dont il a été
déjà question, mariée en secondes noces à
Pierre Daran de La Condamine, résidait alors
au château de Peyre, tandis que celui de la
Baume était occupé par Antoine de Grollée de
Montbreton, gendre de François de Solages.
La lutte entre ces deux familles était des plus
acharnées; et pendant que leurs représentants
près les tribunaux épuisaient toutes les ressources de la chicane au profit de leurs clients,
ceux-ci, de leur côté, en appelaient sans cesse
aux voies de fait dans le but d'assouvir leur
cupide vengeance. Un jour donc du mois
d'avril de ladite année, un détachement de la
garnison de Peyre se mit en route avec l'intention préméditée d'exécuter un coup de
main contre la Baume. La défiance, qui était
l'état permanent des deux adversaires, pré-
serva cette fois le château. Mais les agresseurs
ne voulant pas encourir la disgrâce de leur
maître en rentrant les mains vides et ne
pouvant piller le château, dirigèrent tous
leurs efforts contre les écuries. Après en avoir
forcé les portes avec l'habileté et la prompti-

tude de personnes coutumières du fait, et s'être saisis de Guillaume Pagès, dont la conduite en cette occasion fut celle d'un serviteur dévoué, ils en firent sortir tous les bestiaux et les emmenèrent dans leur repaire. Cette fois encore les ravisseurs eurent à compter avec la justice. Il y en eut dix de condamnés au bannissement et à une forte amende; mais comme toujours à peu près, le principal coupable, celui qui, à l'instar du Bertrand de la fable, était l'instigateur et l'âme de ces forfaits, fut laissé en repos et tout-à-fait libre de comploter de nouveaux méfaits.

Nonobstant leur gravité et leurs effets désastreux, de tels excès présentaient cependant un caractère moins révoltant que ceux qui prenaient leur origine dans les inimitiés de famille provoquées ordinairement par un sordide intérêt. Sous ce dernier rapport encore il serait facile, hélas! de trouver dans l'histoire du château qui nous occupe ample matière à bien des pages. Mais en un sujet aussi peu édifiant, les longs développements devenant tout au moins inutiles, il y a lieu de se borner au récit d'un seul fait, et c'est par là que nous terminerons ce chapitre.

Le 31 octobre 1670, vers midi, une bande d'individus armés s'introduisit dans le château, ayant à sa tête Aymard de Grollée Virville, plus connu sous le nom d'abbé de Montbreton. Sur les indications précises du chef, les portes de plusieurs chambres et cabinets furent forcées et tout ce que ces pièces renfermaient, consistant en joyaux, argenterie, linge, coffres et autres meubles de prix, fut enlevé et transporté précipitamment sur une charrette au village de Faux, résidence habituelle de l'abbé. Les auteurs de ces déplacements avaient-ils commis un vol? Oui, assurément, à n'en juger que d'après les apparences. Disons cependant à leur décharge que les débats de cette affaire devant les tribunaux, s'ils ne les innocentèrent pas tout à fait, établirent néanmoins en leur faveur des circonstances singulièrement atténuantes. Le plaignant ne fut autre que César de Grollée dont nous avons déjà dit un mot, et qui devait un peu plus tard agrandir le château et le mettre dans l'état où il est aujourd'hui. Son caractère altier et son ambition démesurée lui firent surmonter aisément ce qu'il y avait de scandaleux à livrer à la justice son propre frère l'abbé de Montbreton et les personnes qui l'avaient aidé dans son entreprise. Sa conduite dans cette circonstance fut d'autant plus inexplicable, qu'il savait avant d'engager le procès que de dures et cruelles vérités à son adresse seraient certainement révélées, qui soulèveraient contre lui l'indignation des honnêtes gens. Effectivement, les débats devinrent féconds en accusations accablantes. Le principal prévenu déclara tout d'abord n'avoir agi que d'après les ordres de sa mère. Par suite, Marguerite de Solages fut appelée à s'expliquer sur cette allégation. Elle en attesta la sincérité, et ajouta, quoi qu'il lui en coûtât, que son fils César, au mépris de ce qu'il lui devait de respect et d'amour, l'avait ignominieusement chassée du château; poussant même l'oubli des devoirs jusqu'à soudoyer des misérables qui avaient pillé la modeste chambre qu'elle occupait au village de Saint-Sauveur. Il ressortit de plus des débats que César nourrissait une haine profonde contre son frère. De tels procédés à l'égard de sa propre famille disent assez de quelle façon durent être traités ceux qui lui étaient étrangers. L'histoire de ce personnage, baron de tour aux Etats de Languedoc (1), lieutenant général du Roi dans cette province, etc., se complète chaque jour. Elle nous apprend que si cet homme eut de l'intelligence, du savoir et de l'activité, il eut aussi une rare et bien triste aptitude à faire de nombreuses victimes. Il mourut à la Baume à un âge avancé, le 26 avril 1720. Un auteur déjà cité (2) a écrit sur son compte une page à l'abri, croyons-nous, de la plus difficile critique. Originaire du pays où César avait fait sa résidence habituelle, ce n'est pas dans sa propre imagination, mais bien dans des actes authentiques et dans les affirmations

(1) Le baron de Tournel occupait le premier rang aux états particuliers du diocèse de Mende en 1663. Les autres barons de tour auxdits états étaient ceux de Randon, de Florac, de Mercœur, de Canillac, d'Apcher, de Peyre et de Cénaret. La place respective de chacun d'eux dans ces assemblées était marquée sur un cercle] au milieu duquel on lisait ces mots : *Nul premier nul dernier.*

(2) Le docteur B. P. Voir le *Bulletin de la société d'agriculture de la Lozère*; année 1866.

d'une tradition constante et sérieuse qu'il a cherché les motifs de ses appréciations sur ce personnage. Aussi est-ce avec une confiance entière que nous lui empruntons le passage suivant.

« Deux jours après (la mort de César), le conseil de ville de Marvéjols vota *officiellement,* avec des compliments de condoléances à son successeur, une somme de 30 livres pour faire faire le panégyrique de ce *très-haut et très-puissant seigneur ;* enfin, il fut arrêté que toutes les autorités de la ville seraient convoquées pour assister à cette cérémonie.

» Mais les particuliers, les habitants des campagnes surtout, plus sincères dans l'expression de leurs sentiments, se réjouirent à cette nouvelle et maudirent la mémoire de leur trop redouté seigneur. La tradition nous apprend même qu'on crut assez généralement que sa mort n'avait pas eu lieu sans l'intervention des esprits infernaux 'qui venaient réclamer leur proie. Aujourd'hui encore, après plus de 140 ans écoulés, son souvenir pèse toujours comme un cauchemar sur la poitrine des habitants des montagnes. Dans les croyances populaires, l'âme errante de César de Grollée hante constamment les bois qui entourent la Baume, où plus d'un paysan attardé a cru le voir avec terreur pendant la nuit. Mais le lieu où se concentrent surtout les terreurs populaires, c'est la Recouse, cet ancien domaine des Chauvet, dont l'expropriation, présente à tous les souvenirs, fait toujours le sujet des récits les plus dramatiques. César de Grollée est sensé s'y montrer souvent sous la forme d'un gros chien noir; et il n'est pas rare de trouver sur la montague des hommes qui ne se sentent pas assez de courage pour passer une nuit seuls dans cette maison isolée et perdue au milieu des bois. »

Notre impartialité nous fait cependant une impérieuse obligation de ne pas passer sous silence un acte d'une authenticité irréprochable, qui peut servir à atténuer dans une juste et légitime mesure le sentiment de réprobation dont la mémoire de César de Peyre est l'objet dans tout le Gévaudan. Nous voulons parler de l'arrêt du Conseil d'Etat du Roi, dans lequel se trouvent nommément flétries et condamnées plusieurs personnes qui l'avaient ac-

cusé « de violences, mauvais traiteme
usurpations de droits, achapts de deptes ¡
s'emparer des biens des particuliers qui
proches des siens, et autres vexations. »
acte porte la date du 7 juillet 1710. Le (
seil, après de minutieuses enquêtes diri
par M. de Basville, intendant en Langued
du Villaret son subdélégué au diocèse
Mende; Verduron, avocat du Roi au prési
de Montpellier ; de Marillac, Chauvelin, A
lot, Rouillé et Foucault, conseillers d'E
et Fagon, maître des Requêtes ; après a
encore donné aux accusateurs toute espèce
facilités pour prouver le bien fondé des ¡
par eux allégués, le Conseil, disons-nous, pe
en présence de Sa Majesté, un arrêt des ¡
explicites et qui dut faire grand bruit dan
province entière. Les « réparations authe
ques » devant de hauts personnages, l'exil
prison et de fortes amendes au profit de l'
pital de Marvéjols, sont les peines édictées
cet arrêt contre les coupables dont il conv
de faire connaître les noms : la dame
Condres ; le sieur Seguin de Born de Pra
père; les sieurs d'Antraigues et du Cha

Daudé de Sejas, conseiller au présidial de Nîmes; de Mazel de Quintiniac, Lescure de Saint-Denis; le sieur Chauvet, prêtre; Noë Crouzet de la Recousse, et les nommés Ant. Noal, Ant. Astruc, Jean Reversat, Guill. Chassaric et Jean Mariez.

« La conservation du château de la Baume, pendant la révolution, fut due à l'intelligence du dernier régisseur du comte de Peyre, monsieur Besseyre qui survécut de longues années à Jéan-Henri de Moret. On raconte qu'un jour, une troupe de paysans, surexcités par les révolutionnaires de Marvéjols, s'étaient rendus à la Baume, et qu'on était sur le point de mettre le feu aux quatre coins du château afin de détruire tous les souvenirs de la féodalité, *et surtout les titres qui avaient lié si longtemps les habitants de la terre de Peyre aux successeurs des Astorg.*

» Besseyre harangua les paysans, leur donna des quantités énormes de parchemins et de papiers *de peu de valeur,* pour faire un autodafé dans la cour du château, les hébergea

et parvint à s'en débar   r sans qu'ils eussent commis aucune dévastation (1). »

Le château de la Baume et le domaine qui
en dépend, contenant environ 680 hectares,
sont aujourd'hui la propriété de M. Mayran,
membre du Conseil général de l'Aveyron.

———

(1) Le docteur B. P., dans sa notice sur l'ancienne
baronnie de Peyre.

CHAPITRE IV

LES ENVIRONS DE LA BAUME.

Après avoir parlé du château de la Baume,
de sa situation, de ses accroissements succes-
sifs et mentionné quelques épisodes se rapportant à son histoire, il n'est pas hors de
propos de consacrer un petit nombre de pages
à ses environs. Certainement ce que nous
allons en dire sera bien peu de chose eu égard
à l'intérêt qui s'y rattache, car, à notre avis,
il en est des montagnes d'Aubrac, limitant à
l'ouest l'ancien domaine de la Baume, comme
du plateau du Larzac situé au sud-est de
l'Aveyron, que nous croyons devoir être pour
les chroniqueurs à venir une source intarissa-
ble de faits historiques et autres du plus
piquant intérêt.

Aubrac, il n'y a pas encore longtemps, était un peu comme à son origine, à cause du mauvais état des chemins et de l'impossibilité de s'y loger convenablement, un *lieu d'horreur et de vaste solitude*. Mais, grâce au progrès qui gagne partout de proche en proche, il n'en est plus ainsi de nos jours. Des routes à pente douce et d'une propreté remarquable permettent maintenant d'arriver sans fatigue sur les hauteurs qu'occupait l'ancien établissement hospitalier d'Adalard ; et le voyageur, une fois parvenu en cet endroit, y retrouve dans des hôtelleries modestes mais suffisantes, le bien-être et la tranquillité du chez soi. A tous ceux qui se livrent à l'étude de l'archéologie ou de l'histoire naturelle, et que le feu sacré de la science attirera sur ces sommets durant la belle saison, nous promettons de quoi occuper fructueusement l'esprit et récréer très-agréablement les sens. La nature s'y présente telle qu'elle était il y a des milliers d'années, exempte de ces transformations si diverses que l'industrieux agriculteur impose partout ailleurs au sol des vallées et des côteaux suivant ses besoins et les circonstances. Là, dès que le printemps règne définitivement en maître sur la nature entière, on voit la végétation renaître comme par enchantement et reprendre son mouvement ascensionnel avec une rapidité vraiment remarquable. Au silence de mort d'un hiver de six mois, succède alors le mouvement et la vie des plus riantes campagnes. Le ruisseau recouvre son doux murmure ; l'alouette, pauvre exilée de ces lieux qui sont sa patrie, reprend ses délicieux concerts, et oublie facilement auprès d'une tendre compagne sous un ciel redevenu resplendissant, les souffrances, les privations et les alarmes qui n'ont cessé d'être son lot sur la terre étrangère. De nombreux troupeaux de vaches répartis sur une grande étendue de pâturages divisés en *montagnes*, peuplent cette vaste scène primitive de mille bruits divers qui ont aussi leur suave harmonie ; et au milieu desquels se perpétue cette industrie des temps reculés, dont les produits sans avoir l'excellence de ceux de Roquefort, sont néanmoins exportés avec avantage dans les départements méridionaux et jusque dans l'Afrique française.

Au temps où la médecine empruntait au
règne organique la plupart de ses remèdes,
des herboristes partis des quatre coins de la
France se rendaient en foule sur les montagnes
d'Aubrac pour y cueillir des simples qu'il eut
été difficile de se procurer ailleurs, et qu'on
expédiait ensuite en partie dans les pays étrangers. Cette branche de commerce florissait
encore sous Louis XIV. Elle est maintenant
tout-à-fait abandonnée. Disons toutefois que
si le remède n'est plus exporté, de nombreux
malades bien avisés ne manquent pas de se
rendre où il se trouve pour se l'administrer
sur place sous la forme d'un petit-lait savoureux. De leur aveu, le codex n'a pas de potion
qui flatte plus agréablement le goût. Aussi
peut-on affirmer que ce médicament, exempt
de toute sophistication, et puissamment aidé
par l'action d'une vie sans contrainte, d'un air
très-pur et d'une alimentation dont la truite
et le mouton succulent font largement partie,
ne manque à peu près jamais de produire les
plus heureux effets. Des résultats aussi avan-
tageux sont cependant ignorés du corps médi-
cal presque tout entier. Puisse notre faible

voix contribuer à les vulgariser comme ils méritent de l'être, et faire prendre enfin à Aubrac parmi les établissements restaurateurs de la santé le rang distingué qui lui appartient à juste titre.

Eh bien, cette admirable saison des fleurs et du petit-lait est aussi celle où l'on peut étudier avec agrément et sous tous les rapports la contrée qui les produit. Indépendamment des sujets sur lesquels nous allons dire ce que nous savons, nous appelons l'attention sérieuse des explorateurs sur trois *montagnes* dont les noms semblent être une précieuse indication au point de vue archéologique, et qui frappèrent vivement notre esprit lorsque, il y a une douzaine d'années, ces trois dénominations se présentèrent pour la première fois sous nos yeux. Nous voulons parler des montagnes de Vieilleville, de Galcombatut et de Puech-Crémat (1). Des fouilles bien conduites et largement pratiquées dans ces différents endroits, peuvent amener des découver-

(1) Déjà quelques recherches ont été faites sur un de ces points par M. le docteur Prunières ; nous souhaitons vivement qu'elles soient prochainement reprises.

tes fécondes en révélations historiques d'un grand intérêt.

MARCHASTEL *(Mauricastrum)*.

Le château de Marchastel dont il est parlé dans l'acte de 1254 mentionné au second chapitre, était le siége d'une baronnie qui, en vertu du testament fait en janvier 1303 par Aldebert de Peyre, évêque de Viviers, formait l'apanage du second enfant mâle de cette puissante maison. Elle comprenait, suivant des documents du xviie siècle, les paroisses de Malbouzou et de Marchastel et quelques hameaux situés en dehors de leurs limites. Le principal cours d'eau qui l'arrose est le Bès, sur lequel, en 1653, ainsi que nous l'avons dit ailleurs, Jean Gérigue, maître maçon, se chargea, moyennant 500 livres tournois, de la construction d'un pont en pierre et à deux arches. Il fut appelé le pont de Marchastel. En 1552, les revenus de cette terre et de ses dépendances s'affermaient 2,000 livres, outre des réserves consistant en deux quintaux de fromage, « l'estivage » de six chevaux et le produit des lods (1) et des amendes.

Comme le château de Peyre, celui de Marchastel était situé sur une éminence. Il fut l'objet de réparations considérables en 1570. François de Peyre et sa femme Marie de Crussol étant en procès de succession avec Geoffroy de Peyre, avaient grand intérêt à ce que leur adversaire ne put pas s'en rendre maître. Suivant un rapport de vérification dressé le 15 mai 1721, les constructions accessoires de l'édifiée étaient totalement ruinées à cette époque, et il ne restait plus de celui-ci qu'une tour qu'on fut obligé de réparer pour y loger le « bannier » ou garde-champêtre de la baronnie. Elle se composait, à cette dernière date, de trois étages dont le premier seul était voûté. Un escalier en pierre permettait d'arriver du rez-de-chaussée, servant de cuisine, à ce premier étage ; le service des deux autres se faisait au moyen d'une échelle. Le même

---

(1) On appelait *lods et ventes* la redevance qu'un seigneur avait droit de prendre sur la vente d'un bien situé dans sa mouvance.

rapport signale de plus l'existence d'un puits pratiqué contre la tour, mais qui n'avait qu'une canne environ de profondeur.

Malgré les précautions de défense prises par François de Peyre et plus tard par Marie de Crussol, que le meurtre de son mari avait rendu veuve en août 1572, Geoffroy réussit à s'emparer de Marchastel en 1576. Il y trouva, entre autres provisions : 140 setiers de seigle et 60 d'avoine, 2 mousquets, 8 barriques de vin, 5 quintaux de poudre, 5 quintaux de balles en plomb, 2 quintaux de boulets en fonte pour mousquets, 2 charges de sel, 36 livres d'huile, 9 pièces de lard, 1 bœuf salé, 30 livres de chandelles et 5 hallebardes. Le vainqueur, à son tour, fortifia la place et y mit une garnison dont il confia le commandement au capitaine Maurinou, qu'une réputation éprouvée de scélératesse rendait digne de cette distinction. Il ne se passa pas de jour, en effet, qui ne fut marqué par des actes criminels du meilleur aloi. Mais afin de n'être pas accusé de porter un jugement trop sévère sur le compte de cet audacieux malfaiteur, nous allons reproduire un passage d'un document judiciaire auquel on ne peut se refuser d'ajouter foi, et qui nous apprend que notre triste héros fut pendu haut et court comme il le méritait. Voici ce passage : « Lequel (ledit capitaine) s'était trouvé à la surprise dudit château, y commandant au nom dudit Geoffroy. Et brûlait les petits enfants dans ung bouteau de paille pour faire rançónner les pères et mères, et commettait toutes les inhumanités dont il se pouvait adviser, tant à l'endroit des sujets de la terre de Peyre et circonvoisins, qu'aux prêtres et gentilshommes. Tellement qu'ils pour se garantir de cette tirannie, furent contraints de s'assembler et demander secours à leurs voisins des pays de Rouergue, Auvergne et Velay, et assembler un camp de 6,000 hommes, mener l'artillerie, pour assiéger ladite place de Marchastel. »

Tel était l'homme ou plutôt le bandit dont la justice délivra le pays peu de temps après la prise du château. Quant à Geoffroy de Peyre, dont la conscience n'était guère moins chargée que celle de son lieutenant, et qui tomba également aux mains des assiégeants, il se tira d'affaire en payant des amendes insignifiantes. L'équité exigeait cependant qu'il fut déclaré responsable des vols et des pillages ruineux qui marquèrent le passage et le séjour des troupes de siége dans les malheureuses terres de Peyre et de Marchastel. Il n'en fut rien toutefois ; et les infortunés paysans n'eurent d'autre consolation que celle de maudire ces hordes aussi redoutables pour eux que la garnison dont elles étaient venues les délivrer.

LES LACS.

Aubrac, nous l'avons dit dans une précédente publication, n'a rien à envier à la Suisse, et l'on peut affirmer, sans abuser du langage hyperbolique, que ce qui plait et enchante dans la patrie de Guillaume Tell, se retrouve aussi sur nos délicieuses montagnes. Il n'y a, selon nous, d'autres différences entre les deux contrées que celles résultant de l'inégalité de leur étendue. Déjà peut-être nos lecteurs ont-ils fait un rapprochement semblable. S'il en est ainsi, nous ne ferons à coup sûr que les confirmer dans cette opinion, en ajoutant à ce que nous avons dit plus haut quelques détails sur les lacs et la cascade qui ne sont pas le moindre ornement de nos Alpes en miniature.

Ces lacs situés à l'est de l'ancienne domerie, sont au nombre de quatre. Les moins éloignés sont ceux des Salhiens, dont les bords mouvants formés par les détritus des végétaux lacustres, obligent à n'en approcher qu'avec beaucoup de précaution. Le moins étendu de ces deux est encore connu sous le nom de lac *Soubeyrols*. Entre ce dernier et celui de Bord, situé près le hameau de ce nom, se trouve le quatrième appelé Saint-Andéol, qui, par ses dimensions plus considérables et les traditions encore en vogue à son sujet, mérite une mention toute particulière.

Cette belle nappe liquide, objet d'une charmante excursion pour les visiteurs de nos montagnes, n'aurait pas moins, assure-t-on, de neuf hectares de superficie. On le dit aussi d'une effrayante profondeur. Il est peuplé d'une grande quantité de poissons d'espèces différentes, parmi lesquels la truite saumonnée tient le premier rang ; témoin l'intéressant

récit que nous adressa l'année dernière un de
nos amis au sortir d'une pêche presque mira-
culeuse quoique de courte durée. Au reste,
tout y favorise la multiplication de ces utiles
et savoureux vertébrés ; et nous croyons qu'il
serait facile d'y faire à peu de frais de la pis-
ciculture, de manière à rétablir l'usage où
l'on était jadis d'en affermer le produit.

Est-il vrai qu'une ville occupait autrefois
l'emplacement de ce lac? Les gens du pays le
croient. Ils assurent qu'elle fut engloutie par
un tremblement de terre ; et cette conviction
est si forte chez beaucoup d'entre eux, qu'ils
vont jusqu'à affirmer superstitieusement que
des cloches perdues au fond de l'abîme se font
régulièrement entendre chaque année le jour
de la Saint-Jean. Laissant de côté ce qu'il y a
d'absurde dans ces assertions, il ne répugne
certes pas d'admettre que le sol aurait pu en
cet endroit être enseveli sous les eaux. La
science n'a-t-elle pas constaté la production de
phénomènes analogues dans différentes contrées de l'Europe ? N'a-t-on pas même décou-
vert dans des terrains ainsi submergés des ha-
bitations qui remontaient aux premiers âges

de l'humanité? Toutefois, nonobstant ces dernières considérations et les affirmations locales ; nonobstant également la présence sur les lieux de débris de murs anciens, de grosses pierres taillées et aussi de pièces de bois fixées dans le lac, il est prudent, ce nous semble, de suspendre tout jugement à cet égard jusqu'après un plus ample informé. Car ces débris, que chaque chroniqueur de Saint-Andéol se garde bien de passer sous silence, ne sont peut-être que les restes d'une toute petite paroisse existant autrefois à quelques pas du lac et dont elle portait le nom. Des titres du commencement du xiiie siècle, qui la mentionnent comme existant à cette époque, nous apprennent qu'elle n'avait qu'un seul hameau dans son modeste arrondissement, celui de la Vaïsse.

Mais un fait moins sujet à controverse, car il repose sur l'enseignement exprès et catégorique de l'histoire, c'est la croyance répandue au loin en la vertu curative des eaux de Saint-Andéol. Les malades atteints de rhumatismes ou d'affection cutanées sont assurés, au dire des gens du pays, d'y trouver une guérison radicale ou tout au moins un notable soulagement. Et qu'y a-t-il à faire pour obtenir ce résultat si désiré ? il suffit de se baigner dans cette piscine naturelle le second dimanche de juillet, fête de la Sainte-Épine, après en avoir fait le tour en disant le chapelet ou récitant d'autres prières, et de ne pas quitter ces lieux sans avoir sacrifié à ces eaux une partie du vêtement du malade ou quelque pièce de monnaie. Cette croyance, malgré tout ce qu'elle a de contraire à la raison et à la religion bien entendue, était des plus vivaces dès le vi^e siècle ; d'où l'on peut inférer avec fondement qu'elle nous vient directement du paganisme, et que les ministres du vrai Dieu parvinrent à rattacher au culte catholique par l'érection de la paroisse mentionnée plus haut. Avant la révolution, les paroissiens de Marchastel se rendaient en procession au lac. Nous tenons ce détail d'un vieillard qui se souvenait d'avoir pris part dans son enfance à ce pèlerinage. De nos jours encore « plus de 400 personnes s'y rendent tous les ans de plus de dix lieues à la ronde. Sur ce nombre, très-peu obtiennent du soulagement ; quelques-uns s'en reviennent plus malades : cependant la foi en ce spécifique n'en est pas affaiblie, tant le merveilleux plaît à l'homme (1) ! »

Constatons en passant à la louange du dix-neuvième siècle que la superstition a beaucoup perdu de son ancien crédit ; car ce n'était pas par centaines mais bien par milliers que des personnes appartenant aux différentes classes de la société se rendaient autrefois sur les bords de ce lac mystérieux. Le 8 juillet 1640, en effet, plus de 4,000 pèlerins « étaient en dévotion » à Saint-Andéol ; et si ce fait est parvenu à notre connaissance, c'est grâce au procès criminel intenté à une poignée d'individus coupables d'avoir provoqué de graves désordres au sein de cette multitude. Voici en peu de lignes ce qui s'était passé. Ce jour-là, dix ou douze cavaliers armés se présentèrent à Saint-Andéol comme midi allait sonner. Ils venaient de Saint-Laurent-d'Olt. On remarquait parmi eux les nommés Gui Lagrave, Jean Advinene, un fils naturel du marquis de Canillac, et La Jeunesse, chef d'une bande de

(1) Voir *L'ancien hôpital d'Aubrac,* par l'abbé Bousquet.

Bohémiens qui ne cessa durant plusieurs mois d'épouvanter et de dévaster la baronnie de Peyre. Le but de leur voyage n'était assurément ni la dévotion ni les souffrances physiques, mais bien le projet, comme du reste ils l'avouèrent, de se saisir de certains « personnages » qu'ils croyaient rencontrer en ce lieu. A défaut de ceux-ci, ils ne craignirent pas d'arrêter un voyageur inoffensif qui passait, à cheval, dans le voisinage, et qu'ils n'auraient infailliblement pas manqué de maltraiter et de rançonner à merci sans l'intervention dévouée des sieurs César de Saint-Germain et Guion de Recoules qui parvinrent, à forces d'instances, à le délivrer des mains de ces scélérats. Non contents de ce méfait, ces hardis détrousseurs se portèrent à toutes sortes d'excès à l'égard de plusieurs personnes présentes à Saint-Andéol ; et ce ne fut qu'après s'être gorgés de viandes et de vin, au détriment de Jean Salgues et Etienne Noël, de Rieutort, qui s'étaient rendus au lac « pour administrer vivres à la foule, » qu'ils se décidèrent à reprendre le chemin de Saint-Laurent.

Nous nous souvenons d'avoir lu quelque

part qu'il fut question au xviiᵉ siècle du dessé-
chement de Saint-Andéol. Si cette opération,
demeurée depuis lors à l'état de projet, se
réalise jamais, on ne devra pas perdre de vue
que le fond est un véritable et très-riche mé-
dailler, dont les révélations en histoire et en
numismatique peuvent offrir le plus grand
intérêt.

LA CASCADE DES SALHIENS ET SA GROTTE

Il est des sites dans la nature qu'on ne peut
plus oublier lorsqu'une fois on a eu l'avantage
d'en savourer les charmes. Tel est pour nous
celui qu'embellit la cascade des Salhiens, près
de laquelle notre bonne étoile nous a conduit
à plusieurs reprises et que nous reverrions
souvent encore avec un indicible plaisir. Quoique sobre de ces atours naturels qui ont valu
à d'autres de pompeuses et magnifiques des-
criptions, la cascade dont il s'agit en possède
néanmoins assez pour intéresser vivement et
mériter d'être signalée comme une des curio-
sités les plus remarquables de la contrée.

Elle est généralement connue sous le nom

qu'on vient de lire ; toutefois les habitants du pays l'appellent de préférence « lou salt del Déroc (le saut du Déroc), » ou simplement « lou salt. » C'est qu'en réalité il n'est nullement question ici d'un écoulement des eaux sur une pente plus ou moins oblique, mais bien d'une chute brusque et à pic de la masse liquide à une profondeur de quarante mètres. Cette eau se précipitant ainsi dans l'abîme et qu'un spectateur placé à distance prendrait pour un énorme fût de colonne de marbre blanc, n'est autre que la rivière de la Garde qui, après avoir traversé le grand lac des Salhiens, comme le Rhône celui de Genève, poursuit son cours sur un lit basaltique et va former non loin de là cette petite merveille de nos montagnes.

Derrière la cascade et au-dessous de l'épaisse couche de basalte se trouve une grotte naturelle dans laquelle on ne peut pénétrer que par une étroite ouverture. Son intérieur n'a rien en apparence de remarquable ; bien différente en cela de ces grottes si multipliées dans les terrains calcaires, sous les voûtes tantôt basses et tantôt élevées desquelles des stalactites aux formes variées à l'infini effraient ou charment tour-à-tour l'imagination des visiteurs. M. le docteur Prunières en a fait une étude particulière. Il y a constaté la présence de beaucoup d'ossements, parmi lesquels des mâchoires de loups, de chiens et de renards, ainsi que des os de bœufs et de moutons; mais tous ces débris sont trop peu anciens pour avoir un intérêt archéologique quelconque. Il y a trouvé également des traces de charbon de bois et, suivant ses expressions, « la moitié longitudinale du tronc d'un superbe sapin qui fut pour le moins contemporain de ceux qui servirent à Noë pour confectionner son arche. » Enfin le sol de cette excavation a été encore de sa part l'objet d'une étude attentive au point de vue géologique. Ses différentes observations ont été communiquées il n'y a pas longtemps à la Société des lettres, sciences et arts de l'Aveyron dans un rapport dont la lecture en séance publique excita le plus vif intérêt.

Constatons, avant de quitter ces lieux, que la voie romaine dont il a été déjà parlé, construite par Agrippa, favori d'Auguste, passe à quelques pas seulement de la cascade. Elle reliait Lyon et Toulouse en passant par *Gabalum* et *Segodunum* aujourd'hui Javouls et Rodez. On en voit encore des portions très-reconnaissables en plusieurs endroits de nos montagnes ; surtout dans la vaste forêt d'Aubrac où elle s'est conservée à peu près telle qu'elle était à l'époque reculée de sa construction.

CHAPITRE V

NOTES GÉNÉALOGIQUES.

Ce chapitre, ainsi que le titre l'indique, contient tout simplement des notes qui pourront servir à faire une généalogie complète des familles ayant eu en leur possession la baronnie de Peyre. Des documents sur l'authenticité desquels on peut absolument compter, nous les ont fournies. Elles peuvent à ce double point de vue présenter une utilité réelle, et c'est là ce qui nous a décidé à les comprendre dans notre travail.

1217.

Noble Gilbert de Peyre, damoiseau, figure dans un acte reçu par Jean Paulet, notaire public de la ville et du diocèse de Mende.

1268, le 8 des ides de mai.

Testament de Géraud de Peyre, damoiseau, fils de feu Géraud, chevalier et de dame de Monpaon. Sa femme, dont la dot avait été de 10,000 sous du Puy, y est désignée sous le nom de Philippe. Le testateur avait un frère appelé Aldebert. L'acte mentionne cinq enfants : Raymond, Chacberte, Aygline, Armand et Géraud qui fut l'héritier. Le château de Roc'hebelot était alors sa propriété.

1273, 15 mars.

Testament d'Astorg, seigneur de Peyre. Parmi ses nombreux legs on remarque : celui de 1,500 sous tournois pour le rachat des méfaits par lui commis à Espeyrac en Rouergue ; celui de la moitié du mas (*mansum*) de la Baume, paroisse de Prinsuéjols, en faveur de Guillaume *de Valle*, son fils, qu'il avait eu *autrefois* d'Hélix ; et de la totalité dudit mas, si le légataire parvient à s'accorder avec Henri de Bénaven ; ceux faits au seigneur de Rives et à certaine église, en dédommagement du préjudice que le testateur leur avait causé. Sa femme, morte avant lui, s'appelait Guigone. Ses enfants nommés sont : Marcebelie, Béatrix, Eménidarde, Marquèze, vicomtesse de Murat, Aldebert, chanoine de Mende, Delphine, Armand et Astorg qui fut l'héritier.

1282 et 1296.

Clauses testamentaires de Marcebelie de Peyre, femme de Bertrand Bompar, seigneur de Lastic, et

sœur d'Aldebert de Peyre, précenteur de l'église d
Mende et seigneur de Marchastel, qu'elle institua pou
son héritier.

1289, le vendredi après la St-Marc, évangéliste.

Testament de Marquèze, femme d'Astorg, seigneur
de Peyre. Elle fit un codicille le lundi avant la fête de
la conversion de Saint-Paul, 1290.

1302, le mardi avant la fête de Saint-Mathieu.

Testament d'Astorg de Peyre, chevalier. Legs : à
dix filles pauvres pour faciliter leur mariage ; à l'hôpital de Marvéjols ; à la maladrerie ou léproserie de
cette ville, ainsi qu'aux établissements semblables situés dans sa dite terre de Peyre ; au Reclus de Montrodat et à l'hermite de Saint-Théodoret ; etc. — Il
eut d'un premier mariage avec Marguerite de Mercœur : Astorg, qui fut son héritier ; Aldebert, religieux de Saint-Géraud d'Aurillac et prieur de Saint-
Ilpide au diocèse de Mende ; Marguerite mariée avec
Arnaud, seigneur d'Allègre ; Guigone mariée avec
Gaston, seigneur de Saint-Nectaire ; Alixens mariée
avec Bertrand de Cardaillac. — De son second mariage avec Béatrix de La Garde, il eut : Lambert,
Guilhemet, Yzabeau. — Le testament mentionne, en
outre, un fils naturel du nom de Guillaume des Ar-
chers.

1303, le 5 des ides de juillet.

Testament d'Aldebert de Peyre, évêque de Viviers, seigneur de Marchastel et de Beauregard, *situés dans la paroisse du Fau*. Son héritier fut Aldebert de Peyre, fils d'Astorg, seigneur baron dudit lieu, son neveu, et de Marguerite, vicomtesse de Chaylane.

1312, le 13 des calendes de décembre.

Contrat de mariage passé entre Alixens de Peyre, fille d'Astorg, et Bernard *de Gaudiosa*, fils de Dragonet. Au nombre des témoins figurent : Pierre Merle, chevalier ; Ramond Merle ; Gui d'Erre ; Aymeri et Etienne de Naves, et Ramond Jourdain, damoiseaux.

1354, 24 mars.

Testament fait par Astorg, seigneur de Peyre, avant de partir pour le pèlerinage de Saint-Jacques. — Obligation imposée à Hector son fils et son héritier, de faire dire 6,000 messes pour le repos de son âme, au prix de 6 deniers chacune. Legs d'une cloche de 25 quintaux, promise déjà par son père, à Notre-Dame de Marvéjols. — Ses enfants nommés sont : Astorg, Aldebert, Alixens. Cet acte fut refait le 28 mars 1355.

1362, 15 juin.

Testament de Pierre de Peyre, chevalier, coseigneur des châteaux de Servières et de Rupebelot, fils et héritier de Richard de Peyre, chevalier. — Legs de 200 messes à dire à l'intention des personnes qu'il avait condamnées au dernier supplice pendant qu'il était bailli de Mende. Sa femme, morte avant lui, est désignée sous le nom de Soubeyrane (Souveraine). Les enfants nommés sont : Jean, chevalier, son héritier, auquel il imposa l'obligation d'accomplir le pèlerinage de Saint-Jacques de Compostelle ; Agnès, veuve de Louis de Castelnau, damoiseau, seigneur de Saint-Denis ; Veyrane, femme de Guillaume de Montrodat.

1382, 30 mai.

Testament d'Astorg de Peyre, chevalier, seigneur dudit lieu.

1397, 7 mai.

Testament de Jean de Peyre, chevalier, coseigneur de Servières ; il eut de son mariage avec Eralhe de Saint-Bauzile : Sobeyrane, mariée avec le seigneur de Montrodat, héritière du testateur ; Marquèze ; Agnès, religieuse du monastère de Mercœur au diocèse de Mende.

1403, 30 décembre.

Contrat de mariage entre : 1° Astorg de Peyre, fils aîné d'autre, seigneur dudit lieu, et Jordane de Lévis, fille de Philippe, seigneur de Florensac ; 2° Gaillarde de Peyre, sœur du précédent contractant, et Bertrand de Lévis, fils dudit Philippe.

1407, 27 juillet.

Testament d'Yzabelle d'Agout (*de Agonto*), dame de Trotz au diocèse d'Aix, femme d'Astorg, seigneur de Peyre. Ses enfants nommés dans l'acte sont : Astorg, qui hérita; Aldebert; Gaillarde et Delphine.

1415, 4 février.

Testament d'Astorg, seigneur de Peyre et coseigneur de Thoras. Il voulut être enterré dans l'église des Cordeliers de Marvéjols et dans le tombeau de ses parents, revêtu de l'habit desdits religieux. Convocation à la sépulture de tous les prêtres et religieux de ses terres de Peyre, Thoras et Marchastel. Injonction de faire dire pour le repos de son âme et le rachat de ses méfaits, 6,666 messes *de cruce*; 10,000 *de mortuis*; 6,633 de la Sainte-Vierge; 200 en l'honneur de Saint-Privat; 200 en l'honneur de Saint-Grégoire dans l'église *de Lebriaco*; 200 en l'honneur de Saint-Médard de Banassac, etc. — Il était veuf d'Yzabelle d'Agout. Astorg son aîné fut son héritier.

1418, 21 juin.

Testament de Sobeyrane de Peyre, fille de Jean, coseigneur de Servières, veuve de Raymond de Popian, damoiseau. Elle avait eu d'un premier mariage avec Pierre de La Guiole : Antoine, qui fut son héritier; Hélène et Jean. La dernière substitution testamentaire est en faveur de Vésian de Vesin, son frère utérin.

1432, 4 juillet.

Contrat de mariage entre Astorg, seigneur de Peyre et Delphine de Clermont, fille de Déodat-Guillaume de Clermont-Lodève et d'Yzabelle de Roquefeuil. La dot fut de 8,000 livres tournois.

1437, 15 février.

Contrat de mariage entre Astorg de Peyre, damoiseau, fils d'autre, baron de Peyre, et Yzabelle de Sanhes, fille de feu Pierre. — La prodigalité d'Astorg étant excessive et ruineuse pour sa famille, le parlement de Toulouse prononça son interdiction par arrêt du 23 décembre 1447, sur la demande de Jean, archevêque de Vienne ; Guillaume, évêque de Viviers ; Jean, évêque de Cahors ; Eustache, évêque de Mirepoix ; Béraud de Beaufort, vicomte de Valonne ; Charles, seigneur de Saint-Valery ; Pons-Guillaume, chevalier, seigneur de Clermont ; Antoine de Castelnau, seigneur de Calmont-d'Olt ; Arnaud, vicomte de Pomiac ; Jean de Lignac, vicomte de la Mothe, du seigneur du Caylar et de Jean de Roquefeuil, seigneur de Blanquefort, parents et amis d'Astorg, tous conseillers audit parlement.

1451, 24 mars.

Testament de Delphine de Clermont, femme d'Astorg, seigneur de Peyre. Les enfants nommés sont : Astorg, baron de Peyre, comte de Sanhes, qui fut héritier ; Yzabelle, mariée avec Jean de Roquefeuil.

Vers 1468.

Mariage de Delphine de Peyre, fille d'Astorg, baron dudit lieu, avec Jean d'Estaing, fils de Bégon, chevalier, seigneur d'Estaing et Vicomte de Chaylane.

1470, 8 mai.

Contrat de mariage entre Louise de Peyre, fille d'Astorg et d'Yzabelle de Sanhes, et Antoine d'Aubusson, chevalier, seigneur du Monteil-le-Vicomte, chambellan du Roi et son bailli au pays de Caux.

1476, 19 décembre.

Codicille d'Astorg de Peyre, où sont mentionnées ses filles Delphine, Louise, Marguerite et Yzabelle, et dans lequel il révoque le legs fait à noble Pierre, fils naturel de la maison de Peyre, capitaine de ce château.

1477, 2 janvier.

Contrat de mariage entre Antoine de Peyre, fils d'Astorg, et Louise de Brion, fille de Pierre, comte de Brion et du Chaylar.

1484, 14 juin.

Contrat de mariage entre Catherine de Peyre, fille d'Astorg qui, dans cette circonstance, se fit représenter par Antoine de Peyre, écuyer, seigneur de Thoras, et Claude de Montalban, seigneur de Saint-André.

1488, 29 septembre.

Testament d'Hector ou Astorg de Peyre, chevalier, seigneur dudit lieu, etc. Il veut être enterré dans l'église des Cordeliers de Marvéjols et dans le tombeau de ses parents, vêtu de l'habit de cet ordre en l'honneur des SS. François, Bernard et Antoine de Padoue. — Legs à Guillaume de Miramont son écuyer. — Obligation imposée à l'héritier de restituer à ses vassaux, taillables aux cinq cas, les sommes que le testateur leur avait fait payer sans droit à l'occasion du mariage d'Yzabeau, sa sœur, avec le seigneur de Roquefeuil. — Les enfants nommés sont : Antoine, qui fut son héritier universel ; Aldebert, chanoine de Mende, seigneur de Marchastel ; Delphine ; Marguerite ; Louise ; Yzabeau ; Claude et Catherine. De ces six filles, trois entrèrent en religion au monastère de Mercœur ; les autres se marièrent : Delphine avec Jean d'Estaing, fils de Bégon ; Louise avec Antoine d'Aubusson, seigneur du Monteil ; Catherine avec Antoine de Saint-André.

1495, 2 juillet.

Testament d'Antoine de Peyre, seigneur dudit lieu, etc., mari de Louise de Brion.

1503, 10 février.

Contrat de mariage entre Jeanne de Peyre, fille d'Antoine, chevalier, baron de Peyre, Thoras, Cheyrouze, Tretz et Cornilhon, et Jacques de

Cardaillac, baron dudit lieu, seigneur de Saint-Cirq, Cieuras et Bias, sénéchal de Cahors.

1512, 17 mars.

Testament de magnifique et puissant homme Antoine de Peyre, seigneur *par la grâce du Dieu tout puissant* de la terre et baronnie de Peyre, de Thoras, de Balmes, etc. — Son héritier, à la charge de prendre les nom, surnoms et armes de Peyre, fut Aldebert de Peyre, son frère, seigneur de Marchastel. — Mention de deux sœurs du testateur : Marguerite, religieuse de Nonenque en Rouergue; Claude, prieure du Chambon près Marvéjols.

1513, 30 novembre.

Contrat de mariage entre Ynarde de Peyre, fille naturelle d'Antoine, et noble Astorg Monbel, licencié ès-lois, demeurant à Mende. Aldebert de Peyre, prothonotaire apostolique, seigneur de Marchastel, oncle paternel de la future, lui donna par contrat le domaine d'Ussel.

1528, 26 octobre.

Contrat de mariage entre noble Charlotte de Peyre, fille naturelle de feu Antoine, baron de Peyre, et noble Pierre Gauthier, notaire de Saint-Projet. Aldebert de Peyre, son oncle naturel, lui donna la terre d'Andréjouls.

1528, 5 novembre.

Testament d'Aldebert de Peyre, baron dudit lieu, etc. Antoinette de la Volpellière, sa femme. Il institue pour son héritier le premier enfant mâle qui naîtra de son mariage avec ladite Antoinette ; et, à défaut, Antoine de Cardaillac Saint-Cirq, à la condition de prendre le nom d'Astorg, ainsi que le surnom et les armes de Peyre. — Legs à Françoise de Peyre, sa fille naturelle, mariée avec Jacques d'Apcher, seigneur de Bilhiers.

1532, 30 avril.

Contrat de mariage passé entre Antoine-Hector de Peyre, baron dudit, et Marguerite de Caumont, fille de Charles. De ce mariage naquirent trois garçons : François, Geoffroy et Antoine ; et trois filles : Anne, Françoise et Louise.

1564, 22 mai.

Contrat de mariage entre François de Peyre, chevalier, gentilhomme ordinaire de la chambre du Roi, fils aîné d'Antoine-Hector, et Marie de Crussol, fille de feu Charles, vicomte d'Uzès, etc.

1566, 15 mars.

Testament d'Antoine-Hector de Peyre, baron dudit. Il veut être enterré *sans aucune pompe funèbre ni superstition papale, ains selon les églises réformées et suivant la pureté de la primitive église et comme les saints personnages et chrestiens ont été ensepvelys en icelle.* Il mourut en septembre 1569. François son aîné fut son héritier.

1579, 21 janvier.

Contrat de mariage entre Geoffroy-Astorg-Aldebert de Peyre, baron dudit, etc., et Marie de Quellenet *Alias* Dupont, seigneuresse de Triquidy et Bourgneuf en Bretagne.

1593, 12 juin.

Testament de Geoffroy-Astorg-Aldebert de Peyre, chevalier de l'ordre du Roi. Enfants nommés : Charles, qui fut héritier ; Jacques ; Henri ; Marguerite.

1598, 30 novembre.

Testament de Marie de Crussol, dame de Peyre et de Broquiès ; femme en secondes noces de Guyon de Combret.

1599, 7 juin.

Testament d'Antoine de Cardaillac et de Peyre, chevalier, marié en premières noces avec Anne de Bourrassier, et en secondes avec Antoinette de Paluel. Antoine-Hector de Cardaillac, issu du second mariage, fut son héritier.

1600, 18 septembre.

Testament de Charlotte de Chaland, dame de

Montbreton, veuve de Charles d'Hurre, en son vivant seigneur de la Baume, de Cornilhon et du Burzet. Legs à Sébastienne et Claude de Grollée, filles de Jacques et de Mancie d'Hurre, fille de la testatrice. Legs aussi à François, César, Aymar, Hélène et Marguerite de Grollée, frères et sœurs des précédentes. L'héritier fut Antoine de Grollée, autre enfant de Jacques.

1604, 22 avril.

Contrat de mariage passé entre François de Tholet, « dit de Solages, » fils d'autre, seigneur et baron de Tholet, Castelnau, Miramont, Gabriac, Ceyrac, etc., et Marguerite de Peyre, fille de Geoffroy-Astorg-Aldebert de Peyre et de Cardaillac Saint-Cirq. 51,000 livres de dot. Ledit contrat passé à la Baume par devant Me Antoine Rampan, notaire de Villeroset en Gévaudan et Pierre Amat, notaire de Ceyrac en Rouergue.

1607, 29 septembre.

Contrat de mariage entre Jacques de Peyre, seigneur baron de Marchastel, etc., et Marguerite Dufaur, dame d'Aubais.

1608, 5 juillet.

Décès au château de la Baume de Geoffroy-Hector-Aldebert de Peyre. Jacques de Peyre, fils du défunt, et Marguerite de Peyre, mariée avec le baron de Tholet, moururent dans les trente jours qui précédèrent le 24 juillet 1606. Marguerite ne laissa que deux filles dont l'aînée n'avait pas au delà de 18 mois.

1610, 22 janvier.

Testament de Marie de Quellenet. Elle voulut être enterrée suivant l'usage de l'église réformée « de laquelle je fais profession, et en laquelle je veux vivre et mourir comme étant icelle la vraie et légitime église de laquelle notre Seigneur est le chef et l'époux. » Legs de 500 livres aux églises réformées de Marvéjols, Chirac et Saint-Léger ; et de 50 livres pour servir à la construction d'un temple audit Saint-Léger. La testatrice avait eu de son premier mariage avec Antoine de Cayres, seigneur d'Entraygues, une fille unique, Marie qui fut son héritière, et qu'elle chargea de poursuivre la punition du meurtre de Jacques de Peyre « son cher et unique enfant. »

1626, 24 juillet.

Contrat de mariage passé au château de Tholet entre Antoine de Grollée de Virville, seigneur de Montbreton, Burzet, etc., fils de Jacques de Grollée et de Mancie d'Hurre, et Marguerite de Solages de Peyre, fille de François, baron de Tholet, etc. et de Marguerite de Peyre. De ce mariage naquirent douze enfants dont voici les noms, ainsi que les dates de naissance tirées d'une note tenue par le père sous ce titre : « *Mémoire de la naissance de nos anfans :* » Françoise (1), 5 septembre 1627 ; — Hélène, 15 août 1630 ;

(1) Voici la note intéressante concernant Françoise :

« Le sinquiesme septambre, jour de dimanche 1627, à

— Antoine, 15 septembre 1632 ; — François, 29 septembre 1633 ; — César, 22 février 1636 ; — Aymar, 6 avril 1637 ; — Hélène, 23 juillet 1638 ; — César, 21 septembre 1639 ; — Sylvestre, 22 janvier 1641 ; — Victoire, 31 août 1642 ; X., 21 juin 1646 ; — Aymar, 29 novembre 1648.

1628, 16 septembre.

Testament fait au château de Peyre par Pierre Daran de La Condamine avant son départ pour l'armée du Roi. Legs à Barbe de Combret, sa femme, et à Christophe Daran, son frère. Michelle de Fay, mère du testateur, fut son héritière. Il ne vivait plus le 11 octobre 1629. Ce jour-là fut dressé l'inventaire de son mobilier du château de Peyre ; en voici un extrait :

« Pareilhement serions allés à la tour et chambre appelée le corps de garde, dans laquelle avons trouvé 10 mosquets, 3 arquebuses à rouet, 5 pertuizanes, 1 lit à 2 étages en bois de pin, garni chacun d'une

onse œures et demi moins un cart, ma femme est accouchée de sa première filie à la Baume. Elle a este donnee en baptesme a monsieur de Tholet et a madame la comtesse de Virville ; elle a eu l'eau. A esté baptizee à Montbreton au mois de febvrier 1642, porté par M. le baron de Virville, fils de monsieur le comte, et madame la comtesse sa mere qui lui mit nom Francoize. — Du despuis cest faicte religieuze a l'abaye de Saint-Paul au mois d'octobre de lad. année et s'appelle en religion madame de Montbreton. »

couverture et de deux linceulx. Et de là serions mon-
tés à la chambre qui est au-dessus ledit corps de
garde, etc. A la troisième estage de ladite tour de
corps de garde, 1 lict noyer, 4 mousquets; et après
serions descendus dudit château et fort de Peyre et
serions allés à la maison appelée lou fort bas, et dans
toutes les étaiges d'icelui n'y avons trouvé rien dedans.
De là dans l'écurie qui est dans la basse court dudit
fort bas : 3 chevaux, 1 mulet noir, 2 chevaux blancs
de carrosse. »

1630, 8 décembre.

Contrat de mariage entre Marguerite de Peyre,
fille de feu Geoffroy-Astorg-Aldebert, et Godefroy
des Arcis d'Epignous, seigneur de Collanges.

1655, 12 avril.

Testament d'Antoine de Grollée de Virville et de
Montbreton, comte de Peyre, etc. Le testateur déclare
que trois de ses enfants mâles n'ont pas encore « le
nom de baptême » et qu'ils s'appellent provisoirement
Burzet, Beauregard et Le Vivier; que deux de ses
filles, mesdemoiselles de Montbreton et de Burzet
sont dans le même cas.

1655, 3 août.

Contrat de mariage passé entre Hélène de Grollée
Virville et Gabriel de Fay Gerlande, comte de
Saussac, baron de Gerlande, etc.

1657, 24 février.

Testament d'Aldebert-François de Grollée Virville, baron de Marchastel, premier chambellan de son altesse royale. Marguerite de Solages, sa mère, fut son héritière.

1662, 15 juin.

Contrat de mariage passé au château de la Baume entre Henri Victor de Moret, baron de Pagas, fils d'Antoine, chevalier, et Marguerite-Victoire de Grollée, fille d'Antoine et de Marguerite de Peyre. 30,000 livres de dot.

1670, 7 mai.

Contrat de mariage passé entre César de Peyre et Marie-Louise de Senneterre, fille de Charles, marquis de Châteauneuf et de Marie d'Hautefort. — Le 29 décembre 1687, frère de La Pierre, vicaire général de Citaux, écrivait d'Avignon à Françoise de Montbreton, abbesse de Saint-Paul : « J'ai eu l'honneur de voir ici M. le comte votre frère (César de Peyre). Il a pris possession aux Etats de Languedoc de la charge de lieutenant du Roi qu'il a achepté content cent quatre vingt mille livres de M. le marquis de Montanègres. »

1670, 25 juin.

Testament de Marguerite de Peyre, veuve d'Antoine de Grollée. Elle voulut être enterrée dans l'église de Saint-Pierre de Prinsuéjouls et dans le tombeau de « ses parents prédécesseurs. » Elle institua pour son héritier son cinquième garçon, à qui elle avait donné la moitié de ses biens lors de son mariage avec Marie-Louise de Senneterre.

1672, 22 janvier.

Testament de César de Grollée Virville de Montbreton, chevalier de Malte, habitant en la maison de Peyre. Il voulut être enterré dans l'église de Prinsuéjouls, et dans le tombeau de son père. Sa mère fut son héritière.

1680, 19, juin.

Testament de Gabriel de Fay Gerlande, mari d'Hélène de Grollée Virville.

1683, 8 avril.

Testament de Sylvestre de Grollée Virville, chevalier de Peyre. Il voulut être enterré dans l'église d'Aumont et dans le tombeau de la comtesse de Peyre sa mère. Il légua à Aymar de Grollée, abbé de Peyre, deux chevaux harnachés, l'un appelé la Minione et l'autre le Coureur, un de ses plus beaux fusils, à son choix, et son chien couchant. Il fit héritier son autre frère Aymar de Grollée, abbé de Montbreton, seigneur et prieur de Saint-Barthélemy de Prunières.

1718, 25 février.

Testament de Marie-Louise de Senneterre, femme du précédent. Elle s'était retirée « depuis plusieurs années » dans la communauté des filles de Sainte-Geneviève, établie à Paris, quai de la Tournelle, paroisse de Saint-Nicolas du Chardonnet. Elle donna l'usufruit de la majeure partie de ses biens à son mari, et la nue-propriété à César du Fay, marquis de Gerlande, son neveu.

1718, 8 avril.

Testament, fait à Paris, de César de Grollée Virville Montbreton, comte de Peyre, baron de Marchastel et de Burzet, seigneur de la Baume, le Vivier, Baldasse, Villeneuve, Larcis, Beauregard, le Célier, Marvéjols ; chambellan de son altesse royale Gaston de France, bailli du Gévaudan, bailli et gouverneur des villes et châteaux de Marvéjols, Chirac, Grèze et mandement de Nogaret ; conseiller du roi en tous ses conseils et son lieutenant général en la province de Languedoc. Il dicta un codicille le 23 avril suivant, où sont nommés ses exécuteurs testamentaires, parmi lesquels figure M. de Pégayrolles, conseiller au Parlement de Toulouse, qu'il prie de recevoir, « par amitié le diamant qu'il a et sa montre d'or. » Il mourut à Marvéjols, le 25 avril 1720. Son corps fut déposé, le 27, « dans la cave de sa chapelle de l'église des RR. PP. capucins, où assistèrent messieurs du chapitre, messieurs les curés de sa terre et tous les ordres religieux de ladite ville, et un

grand concours de peuple, et de plus la compagnie
des pénitents dont il était le chef (1). » Il avait ins-
titué pour son héritier Joseph-Henri de Moret, petit-
fils de Marguerite-Victoire de Grollée de Peyre, à la
condition de prendre le nom et les armes des Grollée.

(1) Extrait d'un registre des naissances, mariages et
décès de l'église paroissiale du Buisson.

Rodez — Imp. E. de Broca.

www.ingramcontent.com/pod-product-compliance
Lightning Source LLC
Chambersburg PA
CBHW051732090426
42738CB00010B/2227